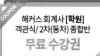

해커스
IFRS
김원종
객관식 고급회계

🏛 해커스 경영아카데미

▎이 책의 저자

김원종

학력
연세대학교 경영학과(경영학사)
성균관대학교 경영대학원(석사과정 수료)

경력
현 | 해커스 경영아카데미 교수
　　　해커스금융 교수
전 | 한화케미칼 회계팀
　　　삼일회계법인
　　　웅지세무대학교 교수(회계학)
　　　웅지 경영아카데미 재무회계 강사(회계사, 세무사)
　　　삼일아카데미 IFRS 실무 강사
　　　송원세무회계 대표 회계사
　　　경기도학교 안전공제회 감사

자격증
한국공인회계사, 세무사

저서
해커스 IFRS 김원종 중급회계 상/하
해커스 세무사 IFRS 元고급회계
해커스 회계사 IFRS 김원종 고급회계
해커스 IFRS 김원종 POINT 중급회계
해커스 IFRS 김원종 POINT 고급회계
해커스 IFRS 김원종 객관식 중급회계
해커스 IFRS 김원종 객관식 고급회계
해커스 회계사 IFRS 김원종 재무회계 1차 기출문제집
해커스 세무사 IFRS 김원종 재무회계연습
해커스 회계사 IFRS 김원종 재무회계연습 1
해커스 회계사 IFRS 김원종 재무회계연습 2
IFRS 회계원리

머리말

본서는 공인회계사 및 세무사 1차 시험을 준비하는 수험생들이 효율적이고 효과적으로 시험에 대비할 수 있도록 쓰인 객관식 고급회계 연습서이다. 회계학은 기본개념을 정립하고 이를 통한 끊임없는 연습과정이 수반되어야 하는 실천적 학문으로서, 짧은 시간에 주어진 문제를 해결하기 위해서는 고급회계에서 다루는 각 주제의 핵심 내용을 명확하게 이해하고 이를 토대로 다양한 응용문제에 대한 해결능력을 구비해야만 한다. 따라서 본서의 가장 큰 목적은 회계학 기본서를 학습한 수험생들이 짧은 시간 내에 기본서의 핵심개념을 정리하는 동시에 연습문제 풀이를 통하여 공인회계사 및 세무사 1차 시험을 위한 실전대비능력을 키우는 데 있다. 이러한 본서의 특징은 다음과 같다.

첫째, 각 주제별 핵심내용을 정리하고 응용능력을 키울 수 있도록 엄선하여 문제를 구성하였다. 따라서 본서의 문제들은 출제가능성이 매우 높은 문제들이라 할 수 있으며 본서의 내용만 이해하여도 목적하는 결과를 충분히 얻을 수 있을 것으로 확신한다.

둘째, 시험에 출제될 가능성이 높은 한국채택국제회계기준의 내용을 모두 문제에 반영하여 방대한 한국채택국제회계기준의 내용을 주제별로 짧은 시간에 체계적으로 정리할 수 있도록 하였다. 특히, 각 챕터별로 문제를 [기본문제]와 [고급문제]로 구분하여 효율적으로 준비할 수 있도록 구성하였다. 따라서 공인회계사 수험생들은 자신의 수험기간과 실력에 따라 [기본문제]와 [고급문제]의 일부를 대비하고, 세무사 수험생들은 [기본문제]를 반복 학습하는 것이 효율적일 것이다.

셋째, 본서는 주제별로 일관된 접근방법과 문제풀이방법을 제시하여 수험생들의 혼란을 최소화하고자 노력하였다. 본서의 풀이방법은 기본서 예제의 풀이방법과 일치하도록 제시하였다.

넷째, 국제회계기준이 도입된 이후에 중요한 기출문제를 엄선하여 수록하였다.

본서가 완성되어 출간되기까지 많은 분들의 도움을 받았다. 교재의 출간을 허락하시고 많은 격려를 보내주신 (주)챔프스터디의 전재윤 대표님과 책의 완성도를 높이기 위해 최선을 다해 노력하시는 해커스 경영아카데미에도 감사의 뜻을 전한다. 마지막으로 본서가 완성되기까지 항상 옆에서 자리를 지키며 기다려준 가족들에게도 감사의 마음을 전하고 싶다.

본서는 저자의 15년간의 공인회계사, 세무사 강의경험과 15년간의 출제경향 분석을 통하여 저술되었다. 회계법인에서의 실무경험과 대학 등에서의 강의경험을 이 책에 담기 위해 부단한 노력으로 달려왔지만, 여전히 아쉬움이 많이 남는 책이다. 본서에 포함된 어떠한 오류도 저자의 책임이며 본서와 관련된 독자 여러분들의 비평과 건설적인 의견에 항상 귀를 기울일 것이다. 또한 사랑받는 교재가 되기 위하여 개정판마다 더욱 발전할 수 있도록 최선을 다할 것을 약속드린다.

공인회계사 김원종

목차

Chapter 4 관계기업투자와 공동약정

Chapter 5 환율변동효과

Chapter 6 파생상품

회계사·세무사 1차 시험 출제현황 분석

Chapter별로 회계사·세무사 5개년 1차 시험 출제빈도를 정리하였습니다.
본 교재로 학습을 시작하실 때에는 Chapter별 출제빈도를 파악하여 전략적으로 학습하시기 바라며, 시험 직전에는 시험에 자주 출제되거나 본인이 부족하다고 느끼는 내용의 Chapter를 확인하여 최종적으로 학습하시기 바랍니다.

구분		출제빈도	회계사						세무사					
			2020	2021	2022	2023	2024	합계	2019	2020	2021	2022	2023	합계
중급회계	Ch. 1 재무회계의 일반론													
	Ch. 2 재무보고를 위한 개념체계	12		1		2	1	4	1	3	2	1	1	8
	Ch. 3 재무제표 표시와 공정가치 측정	4			1			1			1	1	1	3
	Ch. 4 현금및현금성자산과 현재가치평가													
	Ch. 5 재고자산	18	1	2	2	2	1	8	1	3	2	2	2	10
	Ch. 6 유형자산	31	4	3	3	3	2	15	4	2	5	3	2	16
	Ch. 7 무형자산	6		1	1	1	1	4	1			1		2
	Ch. 8 투자부동산	7	1			1	1	3	1		1	1	1	4
	Ch. 9 금융자산	18	3	2	2	2	2	11	2	1	2	1	1	7
	Ch. 10 자산손상과 매각예정비유동자산	3		1	1			2	1					1
	Ch. 11 금융부채	15		2	2	1	1	6	2	1	2	2	2	9
	Ch. 12 충당부채	4	1					1	1			1	1	3
	Ch. 13 자본	7	1	1		1		3			2		2	4
	Ch. 14 복합금융상품	12	2		2	2	2	8	1	1		1	1	4
	Ch. 15 리스	17	2	2	2	2	2	10	2	1	2	1	1	7

구분		출제빈도	회계사						세무사					
			2020	2021	2022	2023	2024	합계	2019	2020	2021	2022	2023	합계
중급회계	Ch. 16 수익(1) 고객과의 계약에서 생기는 수익	20	3	3	3	2	2	13	2	2	1	1	1	7
	Ch. 17 수익(2) 건설계약	3					1	1		1	1			2
	Ch. 18 종업원급여	10	1	1	1	2	1	6		1	1	1	1	4
	Ch. 19 주식기준보상	10	1	1	1	1	2	6	1		1	1	1	4
	Ch. 20 법인세회계	10	1	1	1	1	1	5		1	1		1	2	5
	Ch. 21 주당이익	11	1	1	1	1	2	6	1	1	1	1	1	5
	Ch. 22 회계변경과 오류수정	11	1	1	1		2	5	1		1	2	2	6
	Ch. 23 현금흐름표	10	1	1	1	1	1	5	1	1	1	1	1	5
	Ch. 24 중간재무보고와 재무비율분석	3			1			1		2				2
고급회계	Ch. 1 사업결합	11	2	2	1	2	2	9			1	1		2
	Ch. 2 연결회계	15	3	4	2	1	3	13				1	1	2
	Ch. 3 연결회계 특수주제	4	1		1	2		4						
	Ch. 4 관계기업투자와 공동약정	9	2	2	1	2	2	9						
	Ch. 5 환율변동효과	8	1	2	2	1	2	8						
	Ch. 6 파생상품	8	2	1	2	2	1	8						
합계		297	35	35	35	35	35	175	25	25	24	24	24	122

☀ 객관식 문제풀이에 앞서 각 장의 주요 주제별 중요도를 파악해볼 수 있습니다.
☀ 시험 대비를 위해 꼭 풀어보아야 하는 필수문제를 정리하여 효율적으로 학습할 수 있습니다.

1. 출제경향

주요 주제	중요도
1. 이론형 문제	★★★★★
2. 합병 종합형	★★★★★
3. 단계적 취득	★★★
4. 측정기간	★★★★★
5. 후속측정(조건부대가)	★★★★★
6. 사업결합거래 시 법인세기간배분	★★
7. 역취득	★★

2. 필수문제 리스트

구분		필수문제 번호
회계사	기본문제	1, 2, 3, 4, 5, 6, 9, 10, 11, 12, 13, 14, 15, 17, 18, 20
	고급문제	1, 2, 3, 4, 5, 9, 10, 11, 12

Chapter 1

사업결합

- 기본문제
- 고급문제
- 정답 및 해설

01 한국채택국제회계기준의 사업결합에 대한 다음의 설명 중 옳지 않은 것은?

① 사업은 투입물 그리고 그 투입물에 적용하여 산출물을 창출할 수 있는 과정으로 구성하며, 이를 사업의 3가지 요소라고 말한다. 사업은 보통 산출물이 있으며 산출물은 사업의 정의를 충족하기 위한 통합된 집합에 반드시 필요한 요소이다.

② 특별한 반증이 없다면 영업권이 존재하는 자산과 활동의 특정 집합은 사업으로 간주한다.

③ 지배력은 투자자가 피투자자에 관여함에 따라 변동이익에 노출되거나 변동이익에 대한 권리가 있고, 피투자자에 대한 자신의 힘으로 변동이익에 영향을 미치는 능력이 있는 것을 말한다.

④ 만약 사업을 구성하지 않는 자산이나 자산 집단의 취득의 경우에는 취득자는 각각의 식별할 수 있는 취득자산과 인수부채를 식별하고 인식한다. 이러한 경우 자산 집단의 원가는 일괄구입으로 간주하여 매수일의 상대적 공정가치에 기초하여 각각의 식별할 수 있는 자산과 부채에 배분하며, 이러한 거래나 사건에서는 영업권이 발생하지 않는다.

⑤ 모든 사업결합은 취득법을 적용하여 회계처리를 수행하여야 한다.

02 다음은 기업회계기준서 사업결합의 회계처리에 관한 설명이다. 옳지 않은 것은?

① 주로 현금이나 그 밖의 자산을 이전하거나 부채를 부담하여 이루어지는 사업결합의 경우에 취득자는 보통 현금이나 그 밖의 자산을 이전한 기업 또는 부채를 부담하는 기업이다.

② 주로 지분을 교환하여 이루어지는 사업결합의 경우에 취득자는 반드시 지분을 발행하는 기업이다.

③ 사업결합을 이루기 위하여 새로운 기업을 지분을 발행하여 설립한 신설사업결합의 경우 사업결합 전에 존재하였던 결합참여기업 중 한 기업을 취득자로 식별한다.

④ 사업결합을 이루기 위하여 그 대가로 현금이나 그 밖의 자산을 이전하거나 부채를 부담하는 신설사업결합의 경우 새로운 기업이 취득자이다.

⑤ 사업결합 거래에서 취득자는 취득일과 관련된 모든 사실과 상황을 고려하여 취득일을 식별해야 하며, 취득일은 피취득자에 대한 지배력을 획득한 날이다.

03 사업결합의 회계처리에 관한 다음 설명으로 옳지 않은 것은? [2012 공인회계사 1차]

① 취득자는 취득일을 식별하며, 취득일은 피취득자에 대한 지배력을 획득한 날이다.

② 사업결합의 이전대가는 취득자가 이전하는 자산, 취득자가 피취득자의 이전 소유주에 대하여 부담하는 부채 및 취득자가 발행하는 지분의 취득일의 공정가치의 합계로 산정한다.

③ 취득자가 피취득자에 대한 교환으로 이전한 대가에는 조건부대가 약정으로 인한 자산이나 부채를 포함한다.

④ 지배력을 획득한 날은 항상 종료일이며, 종료일은 취득자가 법적으로 대가를 이전하여 피취득자의 자산을 취득하고 부채를 인수한 날이다.

⑤ 취득자와 피취득자가 지분만을 교환하여 사업결합을 하는 경우 취득일에 피취득자 지분의 공정가치가 취득자 지분의 공정가치보다 더 신뢰성 있게 측정되는 경우가 있다.

04 다음 중 사업결합 거래로 인하여 취득한 무형자산의 인식과 관련된 설명으로 옳지 않은 것은?

[2015 공인회계사 1차 수정]

① 취득한 무형자산이 피취득자에게서 분리되거나 분할될 수 있고, 개별적으로 또는 관련된 계약, 식별가능한 자산이나 부채와 함께 매각, 이전, 라이선스, 임대 또는 교환할 수 있으면 식별가능하다고 본다.

② 계약상 권리나 기타 법적 권리에서 발생한 무형자산은 피취득자로부터 또는 그 밖의 권리와 의무로부터 이전하거나 분리할 수 없으면 식별가능하지 않다고 본다.

③ 피취득자가 자신의 재무제표에 인식하지 않았던 식별가능한 무형자산을 취득자의 자산으로 인식할 수도 있다.

④ 취득자는 취득일에 피취득자가 미래의 새로운 고객과 협상 중인 잠재적 계약은 식별가능하지 않다고 본다.

⑤ 취득자가 사업결합 이전에 피취득자에게 자신의 자산을 사용하도록 부여했던 권리를 사업결합의 일부로서 재취득할 경우, 다시 취득한 권리는 식별가능하다고 본다.

05 사업결합의 회계처리에 관한 설명으로 옳지 않은 것은?　　　　　[2017 세무사 1차]

① 이전한 자산이나 부채가 사업결합을 한 후에도 결합기업에 여전히 남아 있고, 취득자가 그 자산이나 부채를 계속 통제하는 경우에는, 취득자는 그 자산과 부채를 취득일의 공정가치로 측정하고, 그 자산과 부채에 대한 차손익을 당기손익으로 인식한다.

② 취득자가 피취득자에 대한 지배력을 획득한 날은 일반적으로 취득자가 법적으로 대가를 이전하여, 피취득자의 자산을 취득하고 부채를 인수한 날인 종료일이다. 그러나 취득자는 종료일보다 이른 날 또는 늦은 날에 지배력을 획득하는 경우도 있다.

③ 취득자와 피취득자가 지분만을 교환하여 사업결합을 하는 경우에 취득일에 피취득자 지분의 공정가치가 취득자 지분의 공정가치보다 더 신뢰성 있게 측정되는 경우가 있다. 이 경우에 취득자는 이전한 지분의 취득일 공정가치 대신에 피취득자 지분의 취득일 공정가치를 사용하여 영업권의 금액을 산정한다.

④ 과거사건에서 생긴 현재의무이고 그 공정가치를 신뢰성 있게 측정할 수 있다면, 해당 의무를 이행하기 위하여 경제적 효익이 있는 자원이 유출될 가능성이 높지 않더라도 취득자는 취득일에 사업결합으로 인수한 우발부채를 인식한다.

⑤ 공정가치로 측정한 보상자산의 경우에 회수 가능성으로 인한 미래현금흐름의 불확실성 영향을 공정가치 측정에 포함하였으므로 별도의 평가충당금은 필요하지 않다.

06 사업결합의 회계처리에 대한 다음 설명 중 옳은 것은? [2018 공인회계사 1차]

① 사업을 구성하지 않는 자산이나 자산 집단을 취득한 경우에도 그 취득거래에서 취득자를 식별할 수 있다면 사업결합으로 회계처리한다.

② 취득일은 피취득자에 대한 지배력을 획득한 날이므로 취득자가 법적으로 대가를 이전하여, 피취득자의 자산을 취득하고 부채를 인수한 날인 종료일보다 이른 날 또는 늦은 날이 될 수 없다.

③ 피취득자의 영업활동 종료, 피취득자의 고용관계 종료, 피취득자의 종업원 재배치와 같은 계획의 실행에 따라 미래에 생길 것으로 예상하지만 의무가 아닌 원가도 취득일의 부채로 인식한다.

④ 취득법에 따른 인식요건을 충족하려면, 식별할 수 있는 취득자산과 인수부채는 취득자와 피취득자 사이에서 별도 거래의 결과로 교환한 항목의 일부이어야 한다.

⑤ 시장참여자가 공정가치를 측정할 때 계약의 잠재적 갱신을 고려하는지와 무관하게, 취득자는 무형자산으로 인식하는, 다시 취득한 권리의 가치를 관련 계약의 남는 계약기간에 기초하여 측정한다.

07 다음은 사업결합에서 취득자산과 인수부채의 인식 및 측정에 관한 설명이다. 이와 관련된 내용 중 옳지 않은 것은?

① 피취득자가 재무제표에 인식하지 않은 무형자산도 피취득자에게서 분리가능하거나 계약적·법적 기준을 충족하는 경우에는 취득자산에 포함할 수 있다.

② 피취득자의 재무제표에 인식된 자산이나 부채라 하더라도 취득자와 피취득자 간의 기존 관계를 정산하는 거래의 결과로 발생한 자산과 부채는 취득자산과 인수부채로 보지 않는다.

③ 피취득자가 재무제표에 인식하지 않은 우발부채도 과거사건에서 발생한 현재의무이고 그 공정가치를 신뢰성 있게 측정할 수 있다면 취득자는 관련 우발부채를 인수부채로 인식한다.

④ 사업결합으로 피취득자의 구조조정계획에 따른 지출이 예상된다 하더라도 취득자는 피취득자가 인식하지 않은 구조조정계획에 대한 충당부채를 인식하지 않는다.

⑤ 피취득자의 재무제표에 인식되지 않은 무형자산이 식별불가능한 경우에는 미래경제적효익이 기대된다고 하더라도 취득자는 이를 자산으로 인식할 수 없다.

08 다음은 사업결합에서 식별할 수 있는 취득자산과 인수부채에 관한 설명이다. 이와 관련된 내용 중 옳지 않은 것은?

① 식별할 수 있는 취득자산과 인수부채는 취득일에 자산과 부채의 정의를 충족하여야 한다. 예를 들어 피취득자의 영업활동 종료, 피취득자의 고용관계 종료, 피취득자의 종업원 재배치와 같은 계획의 실행에 따라 미래에 생길 것으로 예상하지만 의무가 아닌 원가는 취득일의 부채가 아니다.

② 취득법 적용의 일환으로 인식요건을 충족하려면, 식별할 수 있는 취득자산과 인수부채는 별도 거래의 결과가 아니라 사업결합 거래에서 취득자와 피취득자 사이에서 교환한 항목의 일부이어야 한다.

③ 취득자는 피취득자가 리스이용자인 경우, K-IFRS 제1116호 '리스'에 따라 식별되는 리스에 대하여 사용권자산과 리스부채를 인식한다.

④ 사업결합에서 취득한 고객목록이 비밀유지조건이나 그 밖의 약정 조건에서 고객에 관한 정보를 매각, 리스, 그 밖의 교환을 할 수 없도록 금지한 경우에는 분리가능성 기준은 충족되지 않는다.

⑤ 특허를 얻지 않은 기술적 전문지식은 분리가능성 기준을 충족하지 못하기 때문에 무형자산으로 인식해서는 안 된다.

09 20×3년 초 ㈜대한은 ㈜세종의 보통주식 100%를 취득하여 흡수합병하면서 합병대가로 ₩200,000을 지급하였으며, 합병 관련 자문수수료로 ₩20,000이 지출되었다. 합병 시 ㈜세종의 재무상태표는 다음과 같다.

재무상태표			
㈜세종	20×3년 1월 1일 현재		
매출채권	₩46,000	매입채무	₩92,000
상품	₩50,000	납입자본	₩60,000
토지	₩78,000	이익잉여금	₩22,000
자산총계	₩174,000	부채와 자본총계	₩174,000

20×3년 초 ㈜대한이 ㈜세종의 자산·부채에 대하여 공정가치로 평가한 결과, 매출채권과 매입채무는 장부금액과 동일하고, 상품은 장부금액 대비 20% 더 높고, 토지는 장부금액 대비 40% 더 높았다. ㈜대한이 흡수합병과 관련하여 인식할 영업권은 얼마인가? [2014 세무사 1차]

① ₩76,800　　　② ₩86,800　　　③ ₩96,800
④ ₩118,000　　　⑤ ₩138,000

10 A회사는 20×1년 1월 1일에 B회사의 자산과 부채를 모두 취득·인수하였으며, 이는 사업결합에 해당한다. 두 회사는 모두 12월 말 결산법인이다. 취득일 현재 B회사의 자산 및 부채의 장부금액과 공정가치는 다음과 같다.

과목	장부금액	공정가치
현금	₩600,000	₩600,000
재고자산	₩600,000	₩690,000
유형자산	₩1,200,000	₩1,560,000
무형자산	₩600,000	₩750,000
자산총계	₩3,000,000	
유동부채	₩600,000	₩600,000
비유동부채	₩1,200,000	₩1,050,000
자본	₩1,200,000	
부채와자본 총계	₩3,000,000	

A회사는 취득일 현재 B회사에 대해 다음과 같은 사실을 추가로 확인하였다.

(1) B회사의 자산으로 인식하지 않았던 고객목록과 브랜드를 파악하였으며, 각각의 공정 가치는 ₩300,000과 ₩750,000이다. A회사는 동 고객목록과 브랜드가 무형자산의 정의를 충족한다고 판단하였다.

(2) B회사가 리스이용자인 리스계약에서 리스 조건이 시장조건에 비해서 유리한 금액은 ₩90,000이며, 이는 무형자산(사용권자산)의 공정가치에는 포함되어 있지 않다.

(3) B회사가 리스제공자인 운용리스계약에서 리스 조건이 시장조건에 비해서 유리한 금액은 ₩90,000이며, 이 금액은 유형자산의 공정가치에 이미 반영되어 있다.

(4) 무형자산의 정의를 충족시키는 B회사의 취득일 현재 진행중인 연구개발 프로젝트는 ₩60,000이다.

(5) B회사는 취득일 현재 계류중인 소송사건과 관련하여 패소할 가능성이 높지 않은 우발부채를 보유하고 있다. 당해 우발부채의 공정가치는 ₩180,000으로 신뢰성 있게 측정되었으며, 자원의 유출가능성이 높지 않아 충당부채로 인식하지는 않고 있다.

(6) B회사는 위의 소송사건과 관련하여 보상기준금액을 초과할 경우 차액을 A회사에 보상해주기로 합의하였는데, 보상대상부채와 동일한 기준으로 측정한 보상자산의 공정가치는 ₩30,000이다.

(7) B회사는 취득일 현재 신제품을 5년 동안 공급하는 계약을 신규고객과 협상 중이다. 동 잠재적 계약의 체결가능성은 매우 높으며 공정가치는 ₩600,000으로 추정된다.

(8) B회사는 교육시스템을 잘 갖추고 있어 우수한 인적자원을 많이 보유하고 있다. 특히 제품 개발부서에 인력은 미래 현금을 창출할 능력을 가지고 있으며, B회사는 이러한 개발부서의 인적자원의 공정가치를 ₩90,000으로 추정하고 있다.

A회사가 이전대가로 현금 ₩3,690,000을 지급하였다면 사업결합에서 인식될 영업권을 계산하시오.

① ₩690,000 ② ₩780,000 ③ ₩900,000 ④ ₩990,000 ⑤ ₩1,080,000

11 A회사는 20×1년 초에 B회사의 모든 자산과 부채를 취득·인수하는 사업결합을 하였으며, B회사의 취득일 현재 식별할 수 있는 취득 자산과 인수 부채의 장부금액과 공정가치는 다음과 같다.

<table>
<tr><td colspan="6" align="center">재무상태표</td></tr>
<tr><td>B회사</td><td colspan="4" align="center">20×1년 1월 1일 현재</td><td align="right">(단위: 원)</td></tr>
<tr><td></td><td align="center">장부금액</td><td align="center">공정가치</td><td></td><td align="center">장부금액</td><td align="center">공정가치</td></tr>
<tr><td>유동자산</td><td align="right">100,000</td><td align="right">110,000</td><td>부채</td><td align="right">125,000</td><td align="right">125,000</td></tr>
<tr><td>유형자산</td><td align="right">150,000</td><td align="right">175,000</td><td>자본금</td><td align="right">50,000</td><td></td></tr>
<tr><td>무형자산</td><td align="right">50,000</td><td align="right">65,000</td><td>이익잉여금</td><td align="right">125,000</td><td></td></tr>
<tr><td>합계</td><td align="right">300,000</td><td></td><td>합계</td><td align="right">300,000</td><td></td></tr>
</table>

<이전대가 추가자료>
(1) A회사는 이전대가로 B회사 주주에게 현금 ₩50,000을 지급하였다.
(2) A회사는 추가 이전대가로 B회사의 주주에게 A회사의 보통주 100주를 발행하였으며, A회사 보통주의 1주당 공정가치는 ₩2,500이며, 액면금액은 ₩500이다.
(3) A회사는 사업결합 이후에 시장점유율이 10%를 초과하면 B회사 기존 주주들에게 추가로 일정금액을 지급하기로 하였으며, 취득일에 측정한 조건부 대가의 공정가치는 ₩100,000이다.

취득일에 A회사가 인식할 영업권의 금액을 계산하시오.

① ₩150,000 ② ₩175,000 ③ ₩200,000
④ ₩225,000 ⑤ ₩250,000

12 ㈜대한은 20×1년 10월 1일에 ㈜민국의 모든 자산과 부채를 취득·인수하고, 그 대가로 현금 ₩1,000,000을 지급하는 사업결합을 하였다. 관련 자료는 다음과 같다.

> (1) 취득일 현재 ㈜민국의 재무상태표상 자산과 부채의 장부금액은 각각 ₩1,300,000과 ₩600,000이다.
> (2) 취득일 현재 ㈜민국의 재무상태표상 자산의 장부금액에는 건물 ₩350,000과 영업권 ₩100,000이 포함되어 있다.
> (3) 취득일 현재 ㈜민국은 기계장치를 리스로 이용하고 있다. 동 리스의 조건은 시장조건 보다 유리하며, 유리한 리스조건의 공정가치는 ₩30,000이며, 사용권자산(유형자산)에 이 금액이 반영되지 않은 공정가치이다.
> (4) 취득일 현재 ㈜민국은 건물을 운용리스로 제공하고 있다. 동 운용리스의 조건은 시장 조건보다 불리하며, 불리한 리스조건의 공정가치는 ₩50,000이다.
> (5) 취득일 현재 ㈜민국의 식별가능한 자산·부채 중 건물을 제외한 나머지는 장부금액과 공정가치가 동일하다.

㈜대한이 취득일에 인식한 영업권이 ₩180,000이라면, 취득일 현재 건물의 공정가치는 얼마인가?

[2018 공인회계사 1차 수정]

① ₩440,000 ② ₩490,000 ③ ₩520,000
④ ₩540,000 ⑤ ₩570,000

13 사업결합의 회계처리에 관한 다음의 설명 중 옳은 것은? [2016 공인회계사 1차]
① 취득자는 식별가능한 취득자산과 인수부채를 취득일의 공정가치로 측정하며, 이러한 공정가치 측정에 예외는 인정되지 않는다.
② 취득자가 사업결합을 통해 취득한 식별가능한 무형자산은 영업권과 분리하여 인식하지만, 집합적 노동력과 같이 식별가능하지 않은 무형자산의 가치는 영업권에 포함한다.
③ 단계적으로 이루어지는 사업결합에서, 취득자는 이전에 보유하고 있던 피취득자에 대한 지분을 취득일의 공정가치로 재측정하고 그 결과 차손익이 있다면 기타포괄손익으로 인식한다.
④ 사업결합을 하는 과정에서 발생한 취득 관련 원가(중개수수료, 일반관리원가, 지분증권의 발행원가 등)는 원가가 발생한 기간에 비용으로 회계처리한다.
⑤ 사업결합을 통해 취득한 영업권은 적절한 내용연수에 걸쳐 상각하며, 상각 후 장부금액에 대해서는 매 보고기간마다 손상검사를 수행한다.

※ 다음의 자료를 이용하여 **14 ~ 15**에 답하시오.

[2014 공인회계사 1차 수정]

(1) ㈜갑은 20×1년 중에 ㈜을의 보통주 10주(지분율 10%)를 ₩3,000에 취득하고, 이를 기타포괄손익-공정가치측정금융자산으로 분류하였다.

(2) ㈜갑은 20×2년 초에 ㈜을의 나머지 지분 90%를 취득하여 합병하였다. 그 대가로 ㈜갑은 보유하고 있던 보통주 자기주식 18주(주당 장부금액 ₩1,800)를 ㈜을의 다른 주주에게 교부하였다.

(3) 합병일 현재 ㈜갑의 보통주 공정가치는 주당 ₩2,000, 액면금액은 주당 ₩1,000이며, ㈜갑이 보유하고 있던 ㈜을의 보통주 공정가치는 주당 ₩350이다.

(4) 합병일 현재 ㈜을의 순자산장부금액과 공정가치는 다음과 같다.

재무상태표

㈜을   20×2년 1월 1일 현재

과목	장부금액	공정가치	과목	장부금액	공정가치
유동자산	₩20,000	₩22,000	부채	₩25,000	₩25,000
유형자산	₩30,000	₩35,000	자본금	₩10,000	
무형자산	₩10,000	₩13,000	이익잉여금	₩25,000	
합계	₩60,000		합계	₩60,000	

(5) 위 재무상태표에 추가적으로 다음과 같은 사실이 발견되었다.
- ㈜을은 리스계약에서 리스이용자인데, 당해 리스의 조건이 시장조건에 비하여 ₩500만큼 유리한 것으로 추정되며, 사용권자산에 이 금액이 반영되지 않은 공정가치이다.
- 합병일 현재 ㈜을은 새로운 고객과 협상 중인 계약이 있으며, 잠재적 계약의 가치는 ₩2,000으로 추정된다.
- 합병일 현재 ㈜을은 손해배상소송사건에 피소되어 있으며, 손해배상손실금액의 공정가치는 ₩1,500으로 추정된다. 그러나 패소할 가능성은 50% 미만으로 평가된다.
- ㈜을의 연구개발부서는 우수한 인적자원을 보유하고 있으며, 이로 인한 합병 후의 시너지 효과는 상당할 것으로 예상된다. ㈜을이 측정한 인적자원의 공정가치는 ₩1,000이다.

14 ㈜갑이 ㈜을의 합병과 관련하여 합병일에 인식할 취득자산과 인수부채의 순액은 얼마인가? 단, 법인세효과는 고려하지 않는다.

① ₩43,500   ② ₩44,000   ③ ₩44,750
④ ₩45,500   ⑤ ₩46,000

15 위 **14**의 결과와 관계없이, ㈜갑이 ㈜을의 합병과 관련하여 합병일에 인식할 취득자산과 인수부채의 순액을 ₩30,000으로 가정한다. ㈜갑이 합병일에 인식할 영업권의 금액은 얼마인가? 단, 법인세효과는 고려하지 않는다.

① ₩5,400   ② ₩5,900   ③ ₩6,000
④ ₩9,000   ⑤ ₩9,500

16 다음은 사업결합 이후의 측정기간과 관련된 설명이다. 이와 관련된 설명 중 옳지 않은 것은?

① 측정기간은 사업결합에서 인식한 잠정금액을 사업결합 후 조정할 수 있는 기간을 말한다.

② 측정기간은 취득한 날부터 1년을 초과할 수 없다.

③ 사업결합에 대한 첫 회계처리를 사업결합이 생긴 보고기간 말까지 완료하지 못한다면, 취득자는 회계처리를 완료하지 못한 항목의 금액으로 재무제표에 보고되는데 이를 잠정금액이라고 한다.

④ 측정기간에, 취득일 현재 존재하던 사실과 상황에 대하여 새롭게 입수한 정보가 있는 경우에 취득자는 취득일에 이미 알고 있었다면 취득일에 인식한 금액의 측정에 영향을 주었을 그 정보를 반영하기 위하여 취득일에 인식한 잠정금액을 전진적으로 인식한다.

⑤ 측정기간에, 취득일 현재 존재하던 사실과 상황에 대해 새로 입수한 정보가 있는 경우에 취득자는 식별할 수 있는 자산(부채)으로 인식한 잠정금액의 증감을 영업권의 증감으로 인식한다.

17 ㈜대한은 20×1년 10월 1일에 ㈜민국의 의결권 있는 보통주식 100%를 ₩480,000에 취득하고 ㈜민국을 흡수합병하였다. 취득일 현재 ㈜민국의 식별가능한 순자산장부금액과 공정가치는 아래와 같다.

㈜민국의 식별가능한 순자산	장부금액	공정가치
유형자산	₩30,000	?
유형자산을 제외한 순자산	₩290,000	₩350,000

㈜대한은 ㈜민국의 식별가능한 순자산 중 유형자산에 대한 가치평가를 20×1년 말까지 완료하지 못해 잠정적으로 ₩50,000을 공정가치로 인식하였다. 취득일 현재 동 유형자산의 잔존내용연수는 5년이며, 잔존가치 없이 정액법으로 상각한다. ㈜대한이 20×2년 4월 1일에 위 유형자산의 취득일 현재 공정가치를 ₩40,000으로 추정한 독립된 가치평가결과를 받았다면, ㈜대한의 20×2년 말 재무상태표에 보고될 영업권과 위 유형자산의 장부금액은 얼마인가? 단, 영업권의 손상 여부는 고려하지 않는다. [2016 공인회계사 1차]

	영업권	유형자산의 장부금액
①	₩70,000	₩30,000
②	₩70,000	₩29,000
③	₩80,000	₩37,500
④	₩90,000	₩30,000
⑤	₩90,000	₩29,000

18 기업회계기준서 제1103호 '사업결합'에 대한 다음 설명 중 옳지 않은 것은?

[2022 공인회계사 1차]

① 취득자는 식별할 수 있는 취득 자산과 인수 부채를 취득일의 공정가치로 측정한다. 다만 일부 제한적인 예외항목은 취득일의 공정가치가 아닌 금액으로 측정한다.

② 취득자는 사업결합으로 취득 자산과 인수 부채에서 생기는 이연법인세 자산이나 부채를 기업회계기준서 제1012호 '법인세'에 따라 인식하고 측정한다.

③ 시장참여자가 공정가치를 측정할 때 계약의 잠재적 갱신을 고려하는지와 무관하게, 취득자는 무형자산으로 인식하는 '다시 취득한 권리'의 가치를 관련 계약의 남은 계약기간에 기초하여 측정한다.

④ 조건부 대가를 자본으로 분류한 경우, 조건부 대가의 공정가치 변동이 측정기간의 조정 사항에 해당하지 않는다면 재측정하지 않는다.

⑤ 사업결합에서 인식한 우발부채는 이후 소멸하는 시점까지 기업회계기준서 제1037호 '충당부채, 우발부채, 우발자산'에 따라 후속 측정하여야 한다.

19 ㈜대한은 20×1년 10월 1일에 ㈜민국의 모든 자산과 부채를 ₩450,000에 취득·인수하는 사업결합을 하였다. 20×1년 10월 1일 현재 ㈜민국의 요약재무상태표는 다음과 같다.

요약재무상태표

㈜민국		20×1. 10. 1. 현재			(단위: ₩)
계정과목	장부금액	공정가치	계정과목	장부금액	공정가치
자산	500,000	600,000	부채	100,000	100,000
			자본금	100,000	
			자본잉여금	200,000	
			이익잉여금	100,000	
	500,000			500,000	

㈜대한은 20×2년 말에 시장점유율이 15%를 초과하면 ㈜민국의 기존 주주들에게 추가로 ₩100,000을 지급하기로 하였다. 20×1년 10월 1일 현재 이러한 조건부대가의 공정가치는 ₩60,000으로 추정되었다. 그러나 ㈜대한은 20×1년 12월 31일에 동 조건부대가의 추정된 공정가치를 ₩80,000으로 변경하였다. 이러한 공정가치 변동은 20×1년 10월 1일에 존재한 사실과 상황에 대하여 추가로 입수한 정보에 기초한 것이다. 20×2년 말 ㈜대한의 시장점유율이 18%가 되어 ㈜민국의 기존 주주들에게 ₩100,000을 지급하였다. ㈜대한의 20×1년 말 재무상태표에 계상되는 영업권과 20×2년도에 조건부대가 지급으로 ㈜대한이 인식할 당기손익은?

[2017 공인회계사 1차]

	영업권	당기손익
①	₩10,000	₩20,000 손실
②	₩10,000	₩40,000 손실
③	₩30,000	₩20,000 손실
④	₩30,000	₩40,000 손실
⑤	₩50,000	₩0

20×1년 7월 1일 A회사는 B회사를 흡수합병하였다. 취득일의 B회사 순자산 공정가치는 ₩4,000,000(자산 ₩10,000,000, 부채 ₩6,000,000)으로 평가되었으며, 관련자료는 다음과 같다.

> (1) A회사는 B회사를 합병하기 위하여 B회사의 주주에게 A회사의 신주 500주와 합병교부금으로 ₩1,000,000을 지급하였다. 합병 당시 A회사 주식의 1주당 액면금액은 ₩5,000, 공정가치는 ₩10,000이었다.
>
> (2) 합병계약서에 약정된 조건부대가와 관련된 내용은 다음과 같다.
>
> ① A회사는 20×2년 말에 시장점유율이 15%를 초과하면 B회사의 기존 주주들에게 추가로 ₩500,000을 지급하기로 하였다. 20×1년 7월 1일 현재 이러한 조건부대가의 공정가치는 ₩250,000으로 추정되었다. 그러나 B회사는 20×1년 12월 31일에 동 조건부대가의 추정된 공정가치를 ₩400,000으로 변경하였다. 이러한 공정가치 변동은 20×1년 7월 1일에 존재한 사실과 상황에 대하여 추가로 입수한 정보에 기초한 것이다. 20×2년 말 A회사의 시장점유율이 18%가 되어 B회사의 기존 주주들에게 ₩500,000을 지급하였다.
>
> ② A회사는 합병 이후 순이익의 달성정도에 따라 B회사의 주주들에게 추가로 일정 금액을 지급하기로 약정하였는데, 취득일에 A회사가 예측한 금액은 ₩400,000이었으나, 20×1년 말에 A회사가 B회사의 주주들에게 지급한 금액은 ₩500,000이었다. 이 조건부 대가의 변동은 취득일 이후에 발생한 사건으로 인한 사항이다.
>
> ③ 20×1년 말에 A회사주식이 취득일의 공정가치에 미달할 경우 이전대가를 보전할 목적으로 추가로 주식을 교부하기로 되어 있는데, A회사는 20×1년 말 주식가격이 ₩7,500으로 하락함에 따라 B회사의 주주들에게 추가로 150주를 교부하였다. 취득일에 A회사가 측정한 조건부대가의 공정가치는 ₩800,000이었다. 이 조건부 대가의 변동은 취득일 이후에 발생한 사건으로 인한 사항이다.

A회사가 20×2년 초 재무상태표에 계상할 영업권은 얼마인가? 단, 합병 이후 영업권은 손상되지 않았다.

① ₩3,500,000 ② ₩3,600,000 ③ ₩3,700,000
④ ₩3,800,000 ⑤ ₩3,900,000

21 기업회계기준서 제1103호 '사업결합'에 대한 다음 설명 중 옳지 않은 것은?

[2024 공인회계사 1차]

① 취득자와 피취득자가 지분만을 교환하여 사업결합을 하는 경우에 취득일에 피취득자 지분의 공정 가치가 취득자 지분의 공정가치보다 더 신뢰성 있게 측정되는 경우, 취득자는 이전한 지분의 취득일 공정가치 대신에 피취득자 지분의 취득일 공정가치를 사용하여 영업권의 금액을 산정한다.

② 계약적, 법적 기준을 충족하는 무형자산은 피취득자에게서 또는 그 밖의 권리와 의무에서 이전하거 나 분리할 수 없더라도 식별할 수 있다.

③ 역취득에 따라 작성한 연결재무제표는 회계상 피취득자의 이름으로 발행하지만 회계상 취득자의 재무제표가 지속되는 것으로 주석에 기재하되, 회계상 피취득자의 법적 자본을 반영하기 위하여 회 계상 취득자의 법적 자본을 소급하여 수정한다.

④ 취득일에 공정가치와 장부금액이 다른 취득자의 자산과 부채를 이전대가에 포함하였으나 이전한 자산이나 부채가 사업결합을 한 후에도 결합기업에 여전히 남아 있고 취득자가 그 자산이나 부채를 계속 통제하는 경우, 취득자는 그 자산과 부채를 취득일 직전의 장부금액으로 측정하고 사업결합 전이나 후에도 여전히 통제하고 있는 자산과 부채에 대한 차손익을 당기손익으로 인식하지 않는다.

⑤ 과거사건에서 생긴 현재의무이고 그 공정가치를 신뢰성 있게 측정할 수 있으나, 해당 의무를 이행하 기 위하여 경제적효익이 있는 자원이 유출될 가능성이 높지 않다면 취득자는 취득일에 사업결합으 로 인수한 우발부채를 인식할 수 없다.

※ 다음의 자료를 이용하여 **01 ~ 02**에 답하시오.　　　　　　　　　　[2011 공인회계사 1차 수정]

㈜증식은 20×1년 5월 1일에 ㈜소멸의 보통주 5%를 ₩25,000에 취득하여 당기손익-공정가치측정 금융자산으로 분류하였다. ㈜소멸은 유통업을 운영하고 있으며, ㈜증식은 새로이 유통업에 진출하기 위해 20×2년 4월 1일 ㈜소멸의 자산과 부채를 모두 취득 · 인수하여 사업결합을 하였다.

(1) 20×2년 4월 1일 현재 ㈜소멸의 요약재무상태표상 장부금액과 공정가치는 다음과 같다.

요약재무상태표

㈜소멸			20×2. 4. 1. 현재		(단위: ₩)
계정과목	장부금액	공정가치	계정과목	장부금액	공정가치
현금 등	160,000	160,000	부채	120,000	120,000
재고자산	180,000	150,000	자본금	500,000	–
유형자산	320,000	380,000	이익잉여금	40,000	–
자산총계	660,000		부채 · 자본총계	660,000	

(2) 취득일 현재 ㈜소멸의 재무상태표에 제시되어 있는 자산과 부채 이외에 추가적으로 식별가능한 자산과 부채는 없다.

(3) 20×1년 12월 31일에 ㈜증식이 보유하고 있는 ㈜소멸의 주식의 공정가치는 ₩27,000이며, 20×2년 4월 1일의 공정가치는 ₩30,000이다. (단, 법인세효과는 고려하지 않으며, 아래의 각 물음은 독립적이다)

01　㈜증식은 사업결합의 이전대가로 ㈜소멸의 주주들에게 ㈜증식의 보통주 100주(주당 액면금액 ₩5,000, 주당 공정가치 ₩5,700)를 발행·교부하였으며, 보통주 발행과 직접 관련된 비용 ₩10,000과 기타 수수료 ₩20,000을 현금으로 지급하였다. 20×2년 4월 1일에 ㈜증식이 인식해야 하는 영업권(혹은 염가매수차익)과 주식발행초과금은 각각 얼마인가? (단, ㈜증식이 보유하고 있는 ㈜소멸의 주식에 대해서는 ㈜증식의 주식을 교부하지 않고 소각하였다)

	영업권 또는 염가매수차익		주식발행초과금
①	영업권	₩30,000	₩60,000
②	염가매수차익	₩30,000	₩60,000
③	영업권	₩60,000	₩70,000
④	염가매수차익	₩60,000	₩70,000
⑤	영업권	₩90,000	₩70,000

02 ㈜증식은 사업결합의 이전대가로 ㈜소멸에게 현금 ₩500,000과 신축건물(장부금액 ₩250,000, 공정가치 ₩330,000)을 이전하였으며, 동 건물은 사업결합 이후에도 ㈜증식에 남아 있고, 동 건물에 대한 통제도 ㈜증식이 계속 보유한다. 20×2년 4월 1일에 ㈜증식이 인식해야 하는 영업권(혹은 염가매수차익)은 얼마인가? (단, ㈜증식이 보유하고 있는 ㈜소멸의 주식에 대해서는 대가를 지불하지 않고 소각하였다)

① 영업권 ₩10,000

② 영업권 ₩30,000

③ 영업권 ₩90,000

④ 염가매수차익 ₩40,000

⑤ 염가매수차익 ₩70,000

※ 다음의 자료를 이용하여 **03 ~ 04**에 답하시오.　　　　　　　　　　　　　[2012 공인회계사 1차]

법적 취득자인 ㈜갑은 20×1년 9월 30일에 법적 피취득자인 ㈜을 보통주 1주당 ㈜갑의 보통주 2주를 발행하여 취득하고, ㈜을의 주주는 자신들이 보유하고 있는 ㈜을의 주식을 모두 ㈜갑의 주식으로 교환한다. 20×1년 9월 30일 현재 ㈜갑과 ㈜을의 요약재무상태표는 다음과 같다.

요약재무상태표

20×1. 9. 30. 현재　　　　　　　　　　　　(단위: ₩)

계정과목	㈜갑	㈜을	계정과목	㈜갑	㈜을
재고자산	1,000	1,400	부채	1,400	3,400
유형자산	2,600	6,000	자본금	600	1,200
			이익잉여금	1,600	2,800
자산총계	3,600	7,400	부채·자본총계	3,600	7,400

(1) 취득직전일 현재 두 회사의 발행주식은 다음과 같다.

구분	㈜갑	㈜을
발행주식 수	100주	60주
주당 액면금액	₩6	₩20
주당 공정가치	₩30	₩60

(2) 취득일 현재 ㈜갑의 유형자산의 공정가치는 ₩3,000이고, 유형자산을 제외한 자산과 부채의 공정가치는 장부금액과 동일하다. 관련 회계처리에서 법인세효과는 고려하지 않는다.

03 회계상 취득자가 ㈜을이라면 사업결합 직후 연결재무제표에 표시될 발행자본(자본금과 주식발행초과금의 합계)은 얼마인가?

① ₩2,200　　　② ₩2,800　　　③ ₩4,200　　　④ ₩4,300　　　⑤ ₩7,000

04 회계상 취득자가 ㈜을이라면 사업결합 직후 연결재무제표에 표시될 영업권 또는 염가매수차익은 얼마인가?

① 영업권 ₩7,000
② 염가매수차익 ₩1,000
③ 영업권 ₩1,000
④ 염가매수차익 ₩400
⑤ 영업권 ₩400

05 ㈜갑은 20×1년 초에 ㈜을의 모든 자산과 부채를 취득·인수하는 사업결합을 하였으며, 관련 자료는 다음과 같다.

> (1) 취득일 현재 ㈜을 자산의 장부금액은 ₩400,000(공정가치 ₩450,000)이다.
> (2) 취득일 현재 ㈜을 부채의 장부금액은 ₩320,000(공정가치 ₩320,000)이다.
> (3) ㈜갑은 취득일에 이전대가로 ㈜갑의 주식(공정가치 ₩200,000)을 발행·교부하였다.
> (4) 취득일 현재 ㈜갑은 미래 실현가능성이 높지 않다는 판단하에 이연법인세자산을 인식하지 않은 세무상결손금 ₩70,000을 가지고 있는데, 사업결합으로 인하여 세무상결손금의 미래 실현가능성이 높아졌다고 판단하였다.
> (5) 20×1년 및 20×2년 이후 ㈜갑에 적용할 법인세율은 모두 20%이다.

법인세효과를 고려하여 사업결합 회계처리를 할 때, ㈜갑이 취득일에 인식할 영업권은 얼마인가? 단, ㈜을의 자산 및 부채의 세무기준액은 장부금액과 동일하다. [2013 공인회계사 1차]

① ₩46,000
② ₩66,000
③ ₩70,000
④ ₩74,000
⑤ ₩80,000

06 ㈜대한은 20×1년 7월 1일 ㈜민국의 A부문을 ₩450,000에 인수하였다. 다음은 20×1년 7월 1일 현재 ㈜민국의 A부문 현황이다. A부문에 귀속되는 부채는 없다.

㈜민국	A부문 20×1년 7월 1일 현재	(단위: ₩)
계정과목	장부금액	공정가치
토지	200,000	220,000
건물	150,000	200,000
기계장치	50,000	80,000
	400,000	

공정가치는 실제보다 과대평가되지 않았다. 20×1년 7월 1일 현재 건물과 기계장치의 잔존 내용 연수는 각각 10년과 5년이며 모두 잔존가치 없이 정액법으로 감가상각한다. 20×1년 말까지 ㈜대한은 동 자산들을 보유하고 있으며 손상징후는 없다. 취득일 현재 ㈜민국의 A부문에 표시된 자산 외에 추가적으로 식별가능한 자산은 없으며 20×1년 말까지 다른 거래는 없다.

㈜민국의 A부문이 (가) 별도의 사업을 구성하고 ㈜대한이 지배력을 획득하여 사업결합 회계처리를 하는 상황과 (나) 별도의 사업을 구성하지 못하여 ㈜대한이 자산 집단을 구성하는 각 자산의 취득원가를 결정하기 위한 회계처리를 하는 상황으로 나눈다. 각 상황이 20×1년 7월 1일부터 20×1년 12월 31일까지 ㈜대한의 당기순이익에 미치는 영향은 각각 얼마인가?

[2019 공인회계사 1차]

	(가)	(나)
①	₩32,000 증가	₩16,200 감소
②	₩32,000 감소	₩16,200 감소
③	₩18,000 감소	₩32,400 감소
④	₩18,000 증가	₩32,400 증가
⑤	₩18,000 감소	₩32,400 증가

<자료>

- 자동차제조사인 ㈜대한과 배터리제조사인 ㈜민국은 동일 지배하에 있는 기업이 아니다.
- ㈜대한은 향후 전기자동차 시장에서의 경쟁력 확보를 위해 20×1년 7월 1일을 취득일로 하여 ㈜민국을 흡수합병했으며, 합병대가로 ㈜민국의 기존주주에게 ㈜민국의 보통주(1주당 액면가 ₩100) 2주당 ㈜대한의 보통주(1주당 액면가 ₩200, 1주당 공정가치 ₩1,400) 1주를 교부하였다.
- 취득일 현재 ㈜민국의 요약재무상태표는 다음과 같다.

요약재무상태표
20×1년 7월 1일 현재

	장부금액	공정가치
현금	₩50,000	₩50,000
재고자산	₩140,000	₩200,000
유형자산(순액)	₩740,000	₩800,000
무형자산(순액)	₩270,000	₩290,000
자산	₩1,200,000	
매입채무	₩80,000	₩80,000
차입금	₩450,000	₩450,000
자본금	₩160,000	
주식발행초과금	₩320,000	
이익잉여금	₩190,000	
부채와 자본	₩1,200,000	

- ㈜대한은 ㈜민국의 유형자산에 대해 독립적인 가치평가를 진행하려 하였으나, 20×1년 재무제표 발행이 승인되기 전까지 불가피한 사유로 인해 완료하지 못하였다. 이에 ㈜대한은 ㈜민국의 유형자산을 잠정적 공정가치인 ₩800,000으로 인식하였다. ㈜대한은 취득일 현재 동 유형자산(원가모형 적용)의 잔존내용연수를 5년으로 추정하였으며, 잔존가치 없이 정액법으로 감가상각(월할 상각)하기로 하였다.
- ㈜대한은 합병 후 배터리사업 부문의 영업성과가 약정된 목표치를 초과할 경우 ㈜민국의 기존 주주에게 현금 ₩100,000의 추가 보상을 실시할 예정이며, 취득일 현재 이러한 조건부대가에 대한 합리적 추정치는 ₩60,000이다.
- 취득일 현재 ㈜민국은 배터리 급속 충전 기술에 대한 연구·개발 프로젝트를 진행 중이다. ㈜민국은 합병 전까지 동 프로젝트와 관련하여 총 ₩60,000을 지출하였으나, 아직 연구 단계임에 따라 무형자산으로 인식하지 않았다. ㈜대한은 합병 과정에서 동 급속 충전 기술 프로젝트가 자산의 정의를 충족하고 있으며 개별적인 식별이 가능하다고 판단하였다. ㈜대한이 평가한 동 프로젝트의 공정가치는 ₩90,000이다.

07 ㈜대한이 취득일(20×1년 7월 1일)에 수행한 사업결합 관련 회계처리를 통해 최초 인식한 영업권은 얼마인가?

① ₩240,000　　　　② ₩260,000　　　　③ ₩280,000

④ ₩300,000　　　　⑤ ₩320,000

08 다음의 <추가자료> 고려 시, 20×2년 12월 31일에 ㈜대한의 흡수합병과 관련하여 재무상태표에 계상될 영업권과 유형자산의 장부금액(순액)은 각각 얼마인가?

<추가자료>

- 합병 후 ㈜민국의 배터리 제품에 대한 화재 위험성 문제가 제기되어 20×1년 12월 31일 현재 추가 현금보상을 위한 영업성과 목표치가 달성되지 못했다. 그 결과 ㈜민국의 기존주주에 대한 ㈜대한의 추가 현금보상 지급의무가 소멸되었다. 이는 취득일 이후 발생한 사실과 상황으로 인한 조건부대가의 변동에 해당한다.
- ㈜대한이 ㈜민국으로부터 취득한 유형자산에 대한 독립적인 가치평가는 20×2년 4월 1일 (즉, 20×1년 재무제표 발행 승인 후)에 완료되었으며, 동 가치평가에 의한 취득일 당시 ㈜민국의 유형자산 공정가치는 ₩900,000이다. 잔존내용연수, 잔존가치, 감가상각방법 등 기타 사항은 동일하다.
- 자산과 관련한 손상징후는 없다.

	영업권	유형자산(순액)
①	₩120,000	₩640,000
②	₩280,000	₩630,000
③	₩180,000	₩640,000
④	₩280,000	₩540,000
⑤	₩180,000	₩630,000

㈜대한은 20×1년 7월 1일을 취득일로 하여 ㈜민국을 흡수합병하고, ㈜민국의 기존 주주들에게 현금 ₩350,000을 이전대가로 지급하였다. ㈜대한과 ㈜민국은 동일 지배하에 있는 기업이 아니다. 합병 직전 양사의 장부금액으로 작성된 요약재무상태표는 다음과 같다.

요약재무상태표
20×1. 7. 1. 현재
(단위: ₩)

계정과목	㈜대한	㈜민국
현금	200,000	100,000
재고자산	360,000	200,000
사용권자산(순액)	–	90,000
건물(순액)	200,000	50,000
토지	450,000	160,000
무형자산(순액)	90,000	50,000
	1,300,000	650,000
유동부채	250,000	90,000
리스부채	–	100,000
기타비유동부채	300,000	200,000
자본금	350,000	150,000
자본잉여금	100,000	50,000
이익잉여금	300,000	60,000
	1,300,000	650,000

<추가자료>

다음에서 설명하는 사항을 제외하고 장부금액과 공정가치는 일치한다.

- ㈜대한은 ㈜민국이 보유하고 있는 건물에 대해 독립적인 평가를 하지 못하여 취득일에 잠정적인 공정가치로 ₩60,000을 인식하였다. ㈜대한은 20×1년 12월 31일에 종료하는 회계연도의 재무제표 발행을 승인할 때까지 건물에 대한 가치평가를 완료하지 못했다. 하지만 20×2년 5월 초 잠정금액으로 인식했던 건물에 대한 취득일의 공정가치가 ₩70,000이라는 독립된 가치평가 결과를 받았다. 취득일 현재 양사가 보유하고 있는 모든 건물은 잔존내용연수 4년, 잔존가치 ₩0, 정액법으로 감가상각한다.

- ㈜민국은 기계장치를 기초자산으로 하는 리스계약의 리스이용자로 취득일 현재 잔여리스료의 현재가치로 측정된 리스부채는 ₩110,000이다. 리스의 조건은 시장조건에 비하여 유리하며, 유리한 금액은 취득일 현재 ₩10,000으로 추정된다. 동 리스는 취득일 현재 단기리스나 소액 기초자산 리스에 해당하지 않는다.

- ㈜민국은 취득일 현재 새로운 고객과 향후 5년간 제품을 공급하는 계약을 협상하고 있다. 동 계약의 체결가능성은 매우 높으며 공정가치는 ₩20,000으로 추정된다.

- ㈜민국의 무형자산 금액 ₩50,000 중 ₩30,000은 ㈜대한의 상표권을 3년 동안 사용할 수 있는 권리이다. 잔여계약기간(2년)에 기초하여 측정한 동 상표권의 취득일 현재 공정가치는 ₩40,000 이다. 동 상표권을 제외하고 양사가 보유하고 있는 다른 무형자산의 잔존내용연수는 취득일 현재 모두 5년이며, 모든 무형자산(영업권 제외)은 잔존가치 없이 정액법으로 상각한다.
- ㈜민국은 취득일 현재 손해배상소송사건에 계류 중에 있으며 패소할 가능성이 높지 않아 이를 우발부채로 주석공시하였다. 동 소송사건에 따른 손해배상금액의 취득일 현재 신뢰성 있는 공정가치는 ₩10,000으로 추정된다.

09 ㈜대한이 취득일(20×1년 7월 1일)에 수행한 사업결합 관련 회계처리를 통해 최초 인식한 영업권은 얼마인가?

① ₩40,000   ② ₩50,000   ③ ₩60,000

④ ₩70,000   ⑤ ₩90,000

10 위에서 제시한 자료를 제외하고 추가사항이 없을 때 20×2년 6월 30일 ㈜대한의 재무상태표에 계상될 건물(순액)과 영업권을 제외한 무형자산(순액)의 금액은 각각 얼마인가? 단, ㈜대한은 건물과 무형자산에 대하여 원가모형을 적용하고 있으며, 감가상각비와 무형자산상각비는 월할 계산한다.

	건물(순액)	영업권을 제외한 무형자산(순액)
①	₩187,500	₩108,000
②	₩195,000	₩108,000
③	₩195,000	₩116,000
④	₩202,500	₩108,000
⑤	₩202,500	₩116,000

<자료>

- ㈜대한은 20×1년 중에 ㈜민국의 의결권 있는 보통주 150주(지분율 15%)를 ₩150,000에 취득하고, 이를 기타포괄손익-공정가치 측정 금융자산(FVOCI 금융자산)으로 분류하였다.
- ㈜대한은 20×2년 초에 추가로 ㈜민국의 나머지 의결권 있는 보통주 850주(지분율 85%)를 취득하여 합병하였다. 이 주식의 취득을 위해 ㈜대한은 ₩200,000의 현금과 함께 보통주 500주(액면총액 ₩500,000, 공정가치 ₩800,000)를 발행하여 ㈜민국의 주주들에게 지급하였다. 합병일 현재 ㈜민국의 의결권 있는 보통주 공정가치는 주당 ₩1,200, 액면가는 주당 ₩1,000이다. ㈜대한은 신주 발행과 관련하여 ₩10,000의 신주발행비용을 지출하였다.
- 취득일 현재 ㈜민국의 요약재무상태표는 다음과 같다.

요약재무상태표
20×2년 1월 1일 현재

	장부금액	공정가치
유동자산	₩150,000	₩200,000
유형자산(순액)	₩1,050,000	₩1,280,000
자산	₩1,200,000	
부채	₩600,000	₩600,000
자본금	₩200,000	
이익잉여금	₩400,000	
부채와 자본	₩1,200,000	

- ㈜대한은 합병과 관련하여 만세회계법인에게 ㈜민국의 재무상태 실사 용역을 의뢰하였고, ₩30,000의 용역수수료를 지급하였다. 그리고 ㈜대한은 합병업무 전담팀을 구성하였는데, 이 팀 유지 원가로 ₩20,000을 지출하였다.
- 합병일 현재 ㈜민국의 종업원들은 회사 경영권의 변동에도 불구하고 대부분 이직하지 않았다. 이 때문에 ㈜대한은 합병일 이후 즉시 ㈜민국이 영위하던 사업을 계속 진행할 수 있었으며, ㈜대한의 경영진은 이러한 ㈜민국의 종업원들의 가치를 ₩80,000으로 추정하였다.
- 합병일 현재 ㈜민국의 상표명 'K-World'는 상표권 등록이 되어 있지 않아 법적으로 보호받을 수 없는 것으로 밝혀졌다. 그러나 ㈜민국이 해당 상표를 오랫동안 사용해왔다는 것을 업계 및 고객들이 인지하고 있어, 합병 이후 ㈜대한이 이 상표를 제3자에게 매각하거나 라이선스 계약을 체결할 수 있을 것으로 확인되었다. ㈜대한은 이 상표권의 가치를 ₩30,000으로 추정하였다.

---

11 ㈜대한이 합병일(20×2년 1월 1일)에 수행한 사업결합 관련 회계처리를 통해 인식한 영업권은 얼마인가?

① ₩240,000   ② ₩270,000   ③ ₩290,000

④ ₩300,000   ⑤ ₩330,000

12 다음은 ㈜대한과 ㈜민국에 대한 <추가자료>이다.

<추가자료>

합병일 현재 ㈜대한은 ㈜민국이 제기한 손해배상청구소송에 피소된 상태이다. 합병일 현재 ㈜대한과 ㈜민국 간에 계류 중인 소송사건의 배상금의 공정가치는 ₩20,000으로 추정되고, 합병에 의해 이 소송관계는 정산되었다. ㈜대한은 이와 관련하여 충당부채를 설정하지 않았다.

위 <자료>와 <추가자료>가 ㈜대한의 20×2년도 당기순이익에 미치는 영향은 얼마인가?

① ₩0(영향 없음)　　　　② ₩20,000 감소　　　　③ ₩30,000 감소
④ ₩50,000 감소　　　　⑤ ₩70,000 감소

01 사업은 투입물 그리고 그 투입물에 적용하여 산출물을 창출할 수 있는 과정으로 구성하며, 이를 사업의 3가지 요소라고 말한다. 사업은 보통 산출물이 있지만, 산출물은 사업의 정의를 충족하기 위한 통합된 집합에 반드시 필요한 요소는 아니다.

02 주로 지분을 교환하여 이루어지는 사업결합의 경우에 취득자는 보통 지분을 발행하는 기업이다. 그러나 보통 '역취득'이라고 말하는 일부 사업결합에서는 지분을 발행하는 기업이 피취득자이다.

03 취득자가 피취득자에 대한 지배력을 획득한 날은 일반적으로 취득자가 법적으로 대가를 이전하여 피취득자의 자산을 취득하고 부채를 인수한 날인 종료일이다. 그러나 취득자는 종료일보다 이른 날 또는 늦은 날에 지배력을 획득하는 경우도 있다. 예를 들어, 서면합의를 통하여 취득자가 종료일 전에 피취득자에 대한 지배력을 획득한다면 취득일은 종료일보다 이른 날이 된다.

04 무형자산의 식별가능성은 기업실체나 다른 자산으로부터 분리될 수 있거나 계약상 또는 법적 권리로부터 발생함을 의미한다. 따라서 자산이 계약상 또는 기타 법적 권리로부터 발생한 경우 그러한 권리가 기업실체 또는 기타 권리와 의무로부터 이전될 수 있거나 분리가능한지는 고려하지 않는다.

05 이전한 자산이나 부채가 사업결합을 한 후에도 결합기업에 여전히 남아 있고, 취득자가 그 자산이나 부채를 계속 통제하는 경우, 취득자는 그 자산과 부채를 취득일의 장부금액으로 측정하고, 사업결합 전과 후에 여전히 통제하고 있는 자산과 부채에 대한 차손익을 당기손익으로 인식하지 않는다.

06 ① 공동기업의 구성 또는 사업을 구성하지 않는 자산이나 자산 집단의 취득은 사업결합이 아니다.
② 취득자가 피취득자에 대한 지배력을 획득한 날은 일반적으로 취득자가 법적으로 대가를 이전하여, 피취득자의 자산을 취득하고 부채를 인수한 날인 종료일이다. 그러나 취득자는 종료일보다 이른 날 또는 늦은 날에 지배력을 획득하는 경우도 있다. 예를 들어, 서면합의로 취득자가 종료일 전에 피취득자에 대한 지배력을 획득한다면 취득일은 종료일보다 이르다.
③ 피취득자의 영업활동 종료, 피취득자의 고용관계 종료, 피취득자의 종업원 재배치와 같은 계획의 실행에 따라 미래에 생길 것으로 예상하지만 의무가 아닌 원가는 취득일의 부채가 아니다.
④ 취득법 적용의 일환으로 인식요건을 충족하려면, 식별할 수 있는 취득자산과 인수부채는 별도 거래의 결과가 아니라 사업결합 거래에서 취득자와 피취득자 사이에 교환한 항목의 일부이어야 한다.

07 피취득자의 재무제표에 인식되지 않은 무형자산이 식별불가능한 경우에는 이를 별도의 자산으로 인식하지 않고 영업권에 포함하여 인식한다. 즉, 사업결합으로 취득자가 인식하는 영업권은 취득자가 개별적으로 식별하여 별도의 자산으로 인식하는 것이 불가능한 자산으로부터 미래경제적효익을 기대하고 지불한 금액을 말한다.

08 특허를 얻지 않은 기술적 전문지식은 피취득자나 결합기업과 분리되어 있음이 분명하고 관련 상표를 매각할 경우에 팔리기 때문에 분리가능성 기준을 충족하고 무형자산으로 인식해야 한다.

09 취득자산
   매출채권   ₩46,000
   상품: ₩50,000 × 1.2 =   ₩60,000
   토지: ₩78,000 × 1.4 =   ₩109,200   ₩215,200
   인수부채
   매입채무   ₩92,000   ₩(92,000)
   순자산공정가치   ₩123,200

   ∴ 영업권: ₩200,000 - ₩123,200 = ₩76,800

10 1. 취득자산의 공정가치

현금	₩600,000
재고자산	₩690,000
유형자산	₩1,560,000
무형자산	₩750,000
(1) 무형자산(고객목록)	₩300,000
(1) 무형자산(브랜드)	₩750,000
(2) 무형자산(리스이용자 유리한 조건)	₩90,000
(3) 무형자산(리스제공자 유리한 조건)[1)	–
(4) 무형자산(연구개발 프로젝트)	₩60,000
(6) 보상자산	₩30,000
(7) 잠재적 계약[2)	–
(8) 집합적 노동력[3)	–
합계	₩4,830,000

[1) 피취득자가 리스제공자인 경우에 취득자는 그 운용리스의 대상인 건물이나 특허권과 같은 자산을 취득일의 공정가치로 측정할 때 해당 리스조건을 고려한다. 즉, 취득자는 시장조건과 비교할 때 그 운용리스의 조건이 유리하든 불리하든 별도의 자산이나 부채를 인식하지 않는다.
[2) 취득일에 잠재적 계약 그 자체는 자산이 아니기 때문에 영업권과 분리하여 인식하지 않는다.
[3) 집합적 노동력은 영업권과 분리하여 인식하는 식별할 수 있는 자산이 아니다.

2. 인수부채의 공정가치

유동부채	₩600,000
비유동부채	₩1,050,000
(5) 충당부채	₩180,000
합계	₩1,830,000

3. 식별할 수 있는 순자산공정가치: 1. 취득자산 – 2. 인수부채 = ₩4,830,000 – ₩1,830,000 = ₩3,000,000

4. 영업권

이전대가	₩3,690,000
순자산공정가치	₩(3,000,000)
영업권	₩690,000

5. 회계처리

	(차) 현금	600,000	(대) 유동부채	600,000
	재고자산	690,000	비유동부채	1,050,000
	유형자산	1,560,000	충당부채	180,000
	무형자산	750,000	현금	3,690,000
20×1. 1. 1.	무형자산(고객목록)	300,000		
	무형자산(브랜드)	750,000		
	무형자산(유리한리스)	90,000		
	무형자산(연구개발)	60,000		
	미수금(보상자산)	30,000		
	영업권	690,000		

11 **1. 식별할 수 있는 순자산 공정가치**

   (1) 취득자산의 공정가치: ₩110,000 + ₩175,000 + ₩65,000 =   ₩350,000

   (2) 인수부채의 공정가치   ₩(125,000)

   (3) 식별할 수 있는 순자산공정가치   ₩225,000

2. 이전대가

   (1) 현금   ₩50,000

   (2) A사 보통주: 100주 × ₩2,500 =   ₩250,000

   (3) 조건부대가(부채)   ₩100,000

         합계   ₩400,000

3. 영업권

   (1) 이전대가: ₩50,000 + 100주 × ₩2,500 + ₩100,000 =   ₩400,000

   (2) 식별할 수 있는 순자산 공정가치: ₩350,000 − ₩125,000 =   ₩(225,000)

   (3) 영업권   ₩175,000

4. 회계처리

20×1년 초	(차) 유동자산	110,000	(대) 부채	125,000
	유형자산	175,000	현금	50,000
	무형자산	65,000	자본금[1]	50,000
	영업권	175,000	주식발행초과금[2]	200,000
			조건부대가(부채)	100,000

[1] 100주 × ₩500 = ₩50,000
[2] 100주 × (₩2,500 − ₩500) = ₩200,000

12 **1. 건물의 공정가치를 x라고 한다.**

2. 이전대가: ₩1,000,000

3. 순자산공정가치: (1) − (2) = x + ₩280,000

   (1) 취득자산의 공정가치: ₩1,300,000 − ₩100,000 + (x − ₩350,000) + ₩30,000 = x + ₩880,000

   (2) 인수부채의 공정가치: ₩600,000

4. 영업권: ₩1,000,000 − (x + ₩280,000) = ₩180,000

   ∴ 건물의 공정가치(x) = ₩540,000

13 ① 취득자는 식별가능한 취득자산과 인수부채를 취득일의 공정가치로 측정하지만 법인세, 종업원급여, 다시 취득한 권리, 보상자산, 주식기준보상, 매각예정자산의 경우에는 공정가치로 측정하는 측정원칙의 예외이다.

③ 단계적으로 이루어지는 사업결합에서, 취득자는 이전에 보유하고 있던 피취득자에 대한 지분을 취득일의 공정가치로 재측정하고 그 결과 차손익이 있다면 당기손익-공정가치측정금융자산은 당기손익으로 인식하고, 기타포괄손익-공정가치측정금융자산은 기타포괄손익으로 인식한다.

④ 사업결합을 하는 과정에서 발생한 취득 관련 원가(중개수수료, 일반관리원가, 지분증권의 발행원가 등)의 경우 중개수수료, 일반관리원가는 원가가 발생한 기간에 비용으로 회계처리하나 지분증권의 발행원가는 주식발행가액에서 차감한다.

⑤ 사업결합을 통해 취득한 영업권은 적정한 내용연수에 걸쳐 상각하지 않고 취득일에 인식한 금액에서 손상차손누계액을 차감하여 측정한다.

14 1. 취득자산

장부상 자산(공정가치): ₩22,000 + ₩35,000 + ₩13,000 = ₩70,000
유리한 조건의 리스(사용권자산) ₩500
계 ₩70,500

2. 인수부채

장부상 부채(공정가치) ₩25,000
손해배상손실충당부채[1] ₩1,500
계 ₩26,500

[1] 현재의무이고 공정가치를 신뢰성 있게 측정할 수 있는 우발부채는 인수부채에 포함됨

3. 취득자산과 인수부채의 순액: ₩70,500 − ₩26,500 = ₩44,000

15 1. 합병일에 인식할 영업권

(1) 이전대가: 18주 × ₩2,000 + 10주 × ₩350 = ₩39,500
(2) 취득자산과 인수부채의 순액 ₩(30,000)
(3) 영업권 ₩9,500

2. 회계처리

20×2. 1. 1.	(차) 기타포괄손익−공정가치측정금융자산	500	(대) 기타포괄손익−공정가치측정금융자산평가이익(OCI)	500
	(차) 순자산	30,000	(대) 자기주식[1]	32,400
	영업권	9,500	자기주식처분이익[2]	3,600
			기타포괄손익−공정가치측정금융자산[3]	3,500

[1] 18주 × ₩1,800 = ₩32,400
[2] 18주 × (₩2,000 − ₩1,800) = ₩3,600
[3] 10주 × ₩350 = ₩3,500

16 측정기간에, 취득일 현재 존재하던 사실과 상황에 대하여 새롭게 입수한 정보가 있는 경우에 취득자는 취득일에 이미 알고 있었다면 취득일에 인식한 금액의 측정에 영향을 주었을 그 정보를 반영하기 위하여 취득일에 인식한 잠정금액을 소급하여 조정한다.

정답 14 ② 15 ⑤ 16 ④

17 1. 취득일에 인식할 영업권

   (1) 이전대가

       현금   ₩480,000   ₩480,000

   (2) 취득자산과 인수부채의 순액   ₩(400,000)

   (3) 영업권   ₩80,000

2. 20×2년 4월 1일 영업권

   (1) 취득일에 인식한 영업권   ₩80,000

   (2) 유형자산 잠정금액의 수정[1]   ₩10,000

   (3) 영업권   ₩90,000

[1] 취득자는 식별가능한 자산(부채)으로 인식한 잠정금액의 증가(감소)를 영업권의 증가(감소)로 인식한다.

3. 유형자산의 장부금액: ₩40,000 × 45개월/60개월 = ₩30,000

4. 회계처리

20×1. 10. 1.	(차) 유형자산 기타자산 영업권	50,000 350,000 80,000	(대) 현금	480,000
20×1. 12. 31.	(차) 감가상각비[1]	2,500	(대) 감가상각누계액	2,500
20×2. 4. 1.	(차) 영업권 (차) 감가상각누계액[2]	10,000 500	(대) 유형자산 (대) 이익잉여금	10,000 500
20×2. 12. 31.	(차) 감가상각비[3]	8,000	(대) 감가상각누계액	8,000

[1] (₩50,000 − ₩0) ÷ 5년 × 3/12 = ₩2,500

[2] ₩10,000 ÷ 5년 × 3/12 = ₩500

[3] (₩40,000 − ₩0) ÷ 5년 = ₩8,000

18 취득자는 사업결합에서 인식한 우발부채를 처음 인식한 이후 정산, 취소, 소멸하기 전까지 다음 중 큰 금액으로 측정한다.

   (1) K-IFRS 제1037호 '충당부채, 우발부채 및 우발자산'에 따라 인식하여야 할 금액

   (2) 처음 인식금액에서 적절하다면 K-IFRS 제1115호 '고객과의 계약에서 생기는 수익'의 원칙에 따라 누적 수익 금액을 차감한 금액

19

20×1. 10. 1.	(차) 자산 영업권	600,000 10,000	(대) 부채 현금 조건부대가(부채)	100,000 450,000 60,000
20×1. 12. 31.	(차) 영업권[1]	20,000	(대) 조건부대가(부채)	20,000
20×2. 12. 31.	(차) 조건부대가(부채) 부채상환손실(NI)	80,000 20,000	(대) 현금	100,000

[1] ₩80,000 − ₩60,000 = ₩20,000(측정기간 동안의 조정이므로 영업권 수정)

20 **1. 취득일에 인식할 영업권**

    (1) 이전대가   ₩7,450,000

        보통주: 500주 × ₩10,000 =   ₩5,000,000

        현금   ₩1,000,000

        조건부대가(부채)   ₩250,000

        조건부대가(부채)   ₩400,000

        조건부대가(자본)   ₩800,000

    (2) 취득 자산과 인수 부채의 순액   ₩(4,000,000)

    (3) 영업권   ₩3,450,000

2. 20×2년 초 영업권

    (1) 취득일에 인식한 영업권   ₩3,450,000

    (2) 조건부대가(부채) 잠정금액의 수정   ₩150,000

    (3) 영업권   ₩3,600,000

3. 회계처리

20×1. 7. 1.	(차) 자산	10,000,000	(대) 부채	6,000,000
	영업권	3,450,000	현금	1,000,000
			자본금[1]	2,500,000
			주식발행초과금[2]	2,500,000
			조건부대가(부채)	250,000
			조건부대가(부채)	400,000
			조건부대가(자본)	800,000
20×1년 말	(차) 영업권	150,000	(대) 조건부대가(부채)[3]	150,000
	(차) 조건부대가(부채)	400,000	(대) 현금	500,000
	부채상환손실(NI)	100,000		
	(차) 조건부대가(자본)	800,000	(대) 자본금[4]	750,000
			주식발행초과금	50,000
20×2년 말	(차) 조건부대가(부채)	400,000	(대) 현금	500,000
	부채상환손실(NI)	100,000		

[1] 500주 × ₩5,000 = ₩2,500,000

[2] 500주 × (₩10,000 − ₩5,000)=₩2,500,000

[3] ₩400,000 − ₩250,000=₩150,000(측정기간 동안의 조정이므로 영업권 수정)

[4] 150주 × ₩5,000=₩750,000

4. 취득자가 취득일 후에 인식하는 조건부 대가의 공정가치 변동 중 취득일에 존재한 사실과 상황에 대하여 취득일 후에 추가로 입수한 정보일 경우에는 측정기간의 조정 사항으로 보고 회계처리 한다.

5. 목표수익을 달성하거나, 특정 주가에 도달하거나, 연구개발 프로젝트의 주요 과제를 완료하는 등 취득일 이후에 발생한 사건에서 발생한 변동은 측정기간의 조정 사항이 아니다. 취득자는 측정기간의 조정 사항이 아닌 조건부 대가의 공정가치 변동을 다음과 같이 회계처리한다.

    (1) 자본으로 분류한 조건부 대가: 재측정하지 않으며, 그 후속 정산은 자본 내에서 회계처리한다.

    (2) 부채 또는 자산으로 분류한 조건부 대가: 각 보고기간 말에 공정가치로 재측정하며, 공정가치의 변동은 당기손익으로 인식한다.

21 과거사건에서 생긴 현재의무이고 그 공정가치를 신뢰성 있게 측정할 수 있다면 취득자는 취득일에 사업결합으로 인수한 우발부채를 인식할 수 있다. 해당 의무를 이행하기 위하여 경제적효익이 있는 자원이 유출될 가능성은 우발부채를 인식하는 데 고려하지 않는다.

01 1. 취득일에 인식한 영업권(염가매수차익)
   (1) 이전대가: 100주 × ₩5,700 + ₩30,000 =   ₩600,000
   (2) ㈜소멸의 순자산공정가치: ₩690,000 − ₩120,000 =   ₩(570,000)
   (3) 영업권   ₩30,000

2. 주식발행초과금: (₩5,700 − ₩5,000) × 100주 − ₩10,000 = ₩60,000

3. 회계처리

	(차) 당기손익-공정가치측정금융자산	3,000	(대) 당기손익-공정가치측정금융자산평가이익(NI)	3,000
	(차) 현금 등	160,000	(대) 부채	120,000
	재고자산	150,000	자본금	500,000
20×2. 4. 1.	유형자산	380,000	주식발행초과금	70,000
	영업권	30,000	당기손익-공정가치측정금융자산	30,000
	(차) 주식발행초과금	10,000	(대) 현금	30,000
	수수료비용	20,000		

02 1. 취득일에 인식한 영업권(염가매수차익)
   (1) 이전대가: ₩500,000 + ₩30,000 =   ₩530,000
   (2) ㈜소멸의 순자산공정가치: ₩690,000 − ₩120,000 =   ₩(570,000)
   (3) 염가매수차익   ₩(40,000)

2. 회계처리

	(차) 당기손익-공정가치측정금융자산	3,000	(대) 당기손익-공정가치측정금융자산평가이익(NI)	3,000
	(차) 현금 등	160,000	(대) 부채	120,000
20×2. 4. 1.	재고자산	150,000	현금	500,000
	유형자산	380,000	당기손익-공정가치측정금융자산	30,000
			염가매수차익	40,000

3. 이전한 자산이나 부채가 사업결합을 한 후에도 결합기업에 여전히 남아 있고, 취득자가 그 자산이나 부채를 계속 통제하는 경우, 취득자는 그 자산과 부채를 취득일의 장부금액으로 측정하고, 사업결합 전과 후에 여전히 통제하고 있는 자산과 부채에 대한 차손익을 당기손익으로 인식하지 않는다.

03 1. 역취득의 판단
   ㈜갑은 ㈜을의 보통주 1주당 2주를 교환하였기 때문에 ㈜갑은 120주(= 60주 × 2주)를 발행한다. 결과적으로 ㈜을의 주주는 결합기업 발행주식의 54.55%(발행주식 220주 중 120주)를 소유한다. 이를 요약하면 다음과 같다.

구분	㈜갑	㈜을
법률적 관점	법적 지배기업	법적 종속기업
사업결합 후 결합기업에 대한 상대적인 의결권	㈜갑 주주: 45.45% 100주/(100주 + 120주) = 45.45%	㈜을 주주: 54.55% 120주/(100주 + 120주) = 54.55%
회계적 실질에 의한 취득자의 판단	피취득자 (∵ 사업결합 후 상대적인 의결권이 적음)	취득자 (∵ 사업결합 후 상대적인 의결권이 큼)

2. 이전대가의 측정

역취득의 경우 이전대가는 법적 지배기업의 소유주가 역취득의 결과로 결합기업에 대하여 보유하는 지분과 같은 비율이 유지되도록, 법적 종속기업(㈜을)이 법적 지배기업(㈜갑)의 소유주에게 교부하였어야 할 법적 종속기업(㈜을) 지분의 수량에 기초하여야 한다. 따라서 다음과 같이 계산할 수 있다.

구분	㈜갑이 주식을 발행하였을 경우(법적 형식)				㈜을이 주식을 발행하였을 경우(경제적 실질)	
	㈜갑 주주		㈜을 주주		㈜갑 주주	㈜을 주주
발행주식 수	100주	:	120주	=	x주	:	60주
지분율	45.45%	:	54.55%	=	45.45%	:	54.55%

(1) ㈜을이 주식을 발행하였을 경우의 주식 수: (60주 × 100주) ÷ 120주 = 50주
(2) 이전대가: 50주 × ₩60 = ₩3,000

3. 영업권의 측정

(1) 이전대가: 50주 × ₩60 =   ₩3,000
(2) ㈜갑의 순자산공정가치: (₩1,000 + ₩3,000 − ₩1,400) =   ₩(2,600)
(3) 영업권   ₩400

4. 역취득에 따라 작성된 연결재무제표상 납입자본은 사업결합 직전 법적 종속기업(취득자)의 발행자본과 이전대가를 합한 금액이다.
∴ 연결재무제표상 납입자본 = ₩1,200 + 50주 × ₩60 = ₩4,200

5. 회계처리

20×1. 9. 30.	(차) 재고자산	1,000	(대) 부채	1,400
	유형자산	3,000	자본금	1,000
	영업권	400	주식발행초과금	2,000

04 이전대가: 50주 × ₩60 =   ₩3,000
㈜갑의 순자산공정가치: (₩1,000 + ₩3,000 − ₩1,400) =   ₩(2,600)
영업권   ₩400

05 1. 이전대가: ₩200,000

2. 순자산공정가치: ₩450,000 − ₩320,000 − ₩10,000[1](이연법인세부채) = ₩120,000

  [1] (₩450,000 − ₩400,000) × 20% = ₩10,000

3. 영업권: ₩200,000 − ₩120,000 = ₩80,000

4. 회계처리

20×1. 1. 1.	(차) 자산	450,000	(대) 부채	320,000
	영업권	80,000	이연법인세부채[1]	10,000
			자본	200,000

[1] (₩450,000 − ₩400,000) × 20% = ₩10,000

5. 사업결합을 하는 과정에서 식별할 수 있는 취득자산과 인수부채의 일시적차이는 영업권 또는 염가매수차익에 반영하여 회계처리한다.

6. 사업결합에서 취득자는 영업권과 분리하여 피취득자의 식별할 수 있는 취득자산, 인수부채를 인식해야 하며 취득자의 세무상결손금은 피취득자의 취득자산을 구성하지 않으므로 사업결합 거래의 일부로 회계처리하지 않는다.

06 1. 별도의 사업을 구성하고 ㈜대한이 지배력을 획득하여 사업결합 회계처리를 하는 상황(가)

(1) 회계처리

20×1. 7. 1.	(차) 토지		220,000	(대) 현금		450,000
	건물		200,000	염가매수차익		50,000
	기계장치		80,000			
20×1. 12. 31.	(차) 감가상각비[1]		10,000	(대) 감가상각누계액		10,000
	(차) 감가상각비[2]		8,000	(대) 감가상각누계액		8,000

[1] $(₩200,000 - ₩0) \div 10년 \times 6/12 = ₩10,000$
[2] $(₩80,000 - ₩0) \div 5년 \times 6/12 = ₩8,000$

(2) 당기순이익에 미치는 영향: $₩50,000 - ₩10,000 - ₩8,000 = ₩32,000$ 증가

2. 별도의 사업을 구성하지 못하여 ㈜대한이 자산 집단을 구성하는 각 자산의 취득원가를 결정하기 위한 회계처리를 하는 상황(나)

(1) 회계처리

20×1. 7. 1.	(차) 토지[1]		198,000	(대) 현금		450,000
	건물[2]		180,000			
	기계장치[3]		72,000			
20×1. 12. 31.	(차) 감가상각비[4]		9,000	(대) 감가상각누계액		9,000
	(차) 감가상각비[5]		7,200	(대) 감가상각누계액		7,200

[1] $₩450,000 \times ₩220,000/₩500,000 = ₩198,000$
[2] $₩450,000 \times ₩200,000/₩500,000 = ₩180,000$
[3] $₩450,000 \times ₩80,000/₩500,000 = ₩72,000$
[4] $(₩180,000 - ₩0) \div 10년 \times 6/12 = ₩9,000$
[5] $(₩72,000 - ₩0) \div 5년 \times 6/12 = ₩7,200$

(2) 당기순이익에 미치는 영향: $₩(9,000) + ₩(7,200) = ₩(16,200)$ 감소

(3) 만약 사업을 구성하지 않는 자산이나 자산 집단의 취득의 경우 자산 집단의 원가는 일괄구입으로 간주하여 매수일의 상대적 공정가치에 기초하여 각각의 식별할 수 있는 자산과 부채에 배분한다.

07 1. 20×1년 7월 1일 회계처리

20×1. 7. 1.	(차) 현금		50,000	(대) 매입채무		80,000
	재고자산		200,000	차입금		450,000
	유형자산(순액)		800,000	자본금[1]		160,000
	무형자산(순액)		290,000	주식발행초과금[2]		960,000
	무형자산(연구개발프로젝트)		90,000	조건부대가(부채)		60,000
	영업권		280,000			

[1] $(₩160,000/₩100) \div 2주 \times ₩200 = ₩160,000$
[2] $800주 \times (₩1,400 - ₩200) = ₩960,000$

2. 20×1년 7월 1일 영업권: ₩280,000

08 1. 회계처리

20×1. 12. 31.	(차) 감가상각비	80,000	(대) 유형자산(순액)[1]	80,000
	(차) 감가상각비	40,000	(대) 유형자산(순액)[2]	40,000
	(차) 유형자산(순액)	100,000	(대) 영업권	100,000
20×2. 4. 1.	(차) 감가상각비	5,000	(대) 유형자산(순액)[3]	15,000
	이익잉여금	10,000		
	(차) 조건부대가(부채)	60,000	(대) 부채상환이익(NI)[4]	60,000
20×2. 12. 31.	(차) 감가상각비	135,000	(대) 유형자산(순액)[5]	135,000

[1] ₩800,000 ÷ 5년 × 6/12 = ₩80,000
[2] ₩800,000 ÷ 5년 × 3/12 = ₩40,000
[3] (₩900,000 − ₩800,000) ÷ 5년 × 9/12 = ₩15,000
[4] 조건부대가(부채) ₩60,000
[5] ₩900,000 ÷ 5년 × 9/12 = ₩135,000

2. 20×2년 12월 31일 영업권: ₩280,000 − ₩100,000 = ₩180,000

3. 20×2년 12월 31일 유형자산의 장부금액(순액): ₩900,000 − ₩900,000 × 18/60 = ₩630,000

4. 측정기간 내에 취득자는 식별할 수 있는 자산으로 인식한 잠정금액의 증가를 영업권의 감소로 인식한다.

5. 목표수익을 달성하거나, 특정 주가에 도달하거나, 연구개발 프로젝트의 주요 과제를 완료하는 등 취득일 이후에 발생한 사건에서 발생한 변동은 측정기간의 조정 사항이 아니다. 취득자는 측정기간의 조정 사항이 아닌 조건부대가의 공정가치 변동을 다음과 같이 회계처리한다.
   ① 자본으로 분류한 조건부대가: 재측정하지 않으며, 그 후속 정산은 자본 내에서 회계처리한다.
   ② 부채 또는 자산으로 분류한 조건부대가: 각 보고기간 말에 공정가치로 재측정하며, 공정가치의 변동은 당기손익으로 인식한다.

09 취득일에 인식할 영업권

(1) 이전대가		₩350,000
(2) 취득자산과 인수부채의 순액		₩(290,000)
순자산 장부금액	₩260,000	
건물	₩10,000	
리스부채	₩(10,000)	
사용권자산	₩20,000	
유리한 리스	₩10,000	
다시 취득한 권리	₩10,000	
우발부채	₩(10,000)	
(3) 영업권		₩60,000

10 1. 건물(순액): (₩200,000 − ₩0) × 3/4 + (₩70,000 − ₩0) × 3/4 = ₩202,500

2. 무형자산(순액): (₩90,000 − ₩0) × 4/5 + (₩20,000 − ₩0) × 4/5 + (₩40,000 − ₩0) × 1/2 = ₩108,000

3. 합병 및 ㈜민국 관련 자산 회계처리

20×1. 7. 1.	(차) 현금	100,000	(대) 유동부채	90,000
	재고자산	200,000	리스부채[4]	110,000
	사용권자산[1]	120,000	기타비유동부채	200,000
	건물(순액)[2]	60,000	충당부채(우발부채)[5]	10,000
	토지	160,000	현금	350,000
	무형자산(순액)[3]	60,000		
	영업권	60,000		
20×1. 12. 31.	(차) 감가상각비	7,500	(대) 건물(순액)[6]	7,500
	무형자산상각비	10,000	무형자산(다시 취득한 권리)[7]	10,000
	무형자산상각비	2,000	무형자산(기타무형자산)[8]	2,000
20×2년 5월 초	(차) 건물(순액)	10,000	(대) 영업권[9]	10,000
20×2. 6. 30.	(차) 감가상각비	8,750	(대) 건물(순액)[10]	8,750
	이익잉여금	1,250	건물(순액)[11]	1,250
	무형자산상각비	10,000	무형자산(다시 취득한 권리)[12]	10,000
	무형자산상각비	2,000	무형자산(기타무형자산)[13]	2,000

[1] ₩110,000(리스료의 현재가치) + ₩10,000(시장 조건보다 유리한 조건) = ₩120,000
[2] ₩60,000(취득일의 공정가치: 잠정금액)
[3] ₩50,000(장부금액) + ₩10,000(공정가치 − 장부금액) = ₩60,000
[4] ₩110,000(리스료의 현재가치)
[5] 과거사건에서 생긴 현재의무이고 그 공정가치를 신뢰성 있게 측정할 수 있다면, 취득자는 취득일 현재 사업결합에서 인수한 우발부채를 인식함
[6] ₩60,000 × 1/4 × 6/12 = ₩7,500
[7] ₩40,000 × 1/2 × 6/12 = ₩10,000
[8] ₩20,000 × 1/5 × 6/12 = ₩2,000
[9] 측정기간 동안에 취득일 현재 존재했던 사실과 상황에 대하여 새롭게 입수한 정보가 있는 경우 잠정금액을 소급하여 조정함
[10] ₩70,000 × 1/4 × 6/12 = ₩8,750
[11] (₩70,000 − ₩60,000) × 1/4 × 6/12 = ₩1,250
[12] ₩40,000 × 1/2 × 6/12 = ₩10,000
[13] ₩20,000 × 1/5 × 6/12 = ₩2,000

4. ㈜대한 관련 자산 회계처리

20×1. 12. 31.	(차) 감가상각비	25,000	(대) 건물(순액)[1]	25,000
	무형자산상각비	9,000	무형자산(순액)[2]	9,000
20×2. 6. 30.	(차) 감가상각비	25,000	(대) 건물(순액)[3]	25,000
	무형자산상각비	9,000	무형자산(순액)[4]	9,000

[1] ₩200,000 × 1/4 × 6/12 = ₩25,000
[2] ₩90,000 × 1/5 × 6/12 = ₩9,000
[3] ₩200,000 × 1/4 × 6/12 = ₩25,000
[4] ₩90,000 × 1/5 × 6/12 = ₩9,000

11
1. 이전대가: 150주 × ₩1,200 + ₩200,000 + ₩800,000 = ₩1,180,000
2. ㈜민국의 순자산공정가치: ₩200,000 + ₩1,280,000 + ₩30,000 − ₩600,000 = ₩(910,000)
3. 영업권 ₩270,000

4. 회계처리

<table>
<tr><td rowspan="9">20×2. 1. 1.</td><td>(차) 기타포괄손익공정가치측정금융자산</td><td>30,000</td><td>(대) 기타포괄손익공정가치측정금융자산평가이익(OCI)</td><td>30,000</td></tr>
<tr><td>(차) 유동자산</td><td>200,000</td><td>(대) 부채</td><td>600,000</td></tr>
<tr><td>유형자산(순액)</td><td>1,280,000</td><td>현금</td><td>200,000</td></tr>
<tr><td>무형자산(상표권)</td><td>30,000</td><td>자본금</td><td>500,000</td></tr>
<tr><td>영업권</td><td>270,000</td><td>주식발행초과금</td><td>300,000</td></tr>
<tr><td></td><td></td><td>기타포괄손익공정가치측정금융자산</td><td>180,000</td></tr>
<tr><td>(차) 주식발행초과금</td><td>10,000</td><td>(대) 현금</td><td>60,000</td></tr>
<tr><td>수수료비용</td><td>50,000</td><td></td><td></td></tr>
</table>

12
1. 20×2년도 당기순이익에 미치는 영향: ₩30,000 + ₩20,000 + ₩20,000 = ₩(70,000) 감소

2. 회계처리

<table>
<tr><td rowspan="10">20×2. 1. 1.</td><td>(차) 기타포괄손익공정가치측정금융자산</td><td>30,000</td><td>(대) 기타포괄손익공정가치측정금융자산평가이익(OCI)</td><td>30,000</td></tr>
<tr><td>(차) 유동자산</td><td>200,000</td><td>(대) 부채</td><td>600,000</td></tr>
<tr><td>유형자산(순액)</td><td>1,280,000</td><td>현금</td><td>180,000</td></tr>
<tr><td>무형자산(상표권)</td><td>30,000</td><td>자본금</td><td>500,000</td></tr>
<tr><td>영업권</td><td>250,000</td><td>주식발행초과금</td><td>300,000</td></tr>
<tr><td></td><td></td><td>기타포괄손익공정가치측정금융자산</td><td>180,000</td></tr>
<tr><td>(차) 주식발행초과금</td><td>10,000</td><td>(대) 현금</td><td>60,000</td></tr>
<tr><td>수수료비용</td><td>50,000</td><td></td><td></td></tr>
<tr><td>(차) 비용</td><td>20,000</td><td>(대) 현금</td><td>20,000</td></tr>
</table>

3. 사업결합 전에 취득자나 취득자의 대리인이 체결하거나 피취득자(또는 피취득자의 이전 소유주)의 효익보다는 주로 취득자나 결합기업의 효익을 위하여 체결한 거래는 별도 거래일 가능성이 높다. 다음은 취득법을 적용하지 않는 별도 거래의 예이다.
(1) 취득자와 피취득자 사이의 기존 관계를 사실상 정산하는 거래
(2) 미래 용역에 대하여 종업원이나 피취득자의 이전 소유주에게 보상하는 거래
(3) 피취득자나 피취득자의 이전 소유주가 대신 지급한 취득자의 취득관련 원가를 피취득자나 피취득자의 이전 소유주에게 변제하는 거래

4. 사업결합으로 기존 관계를 사실상 정산하는 경우에 취득자는 다음과 같이 측정한 차손익을 인식한다.
(1) 기존의 비계약관계(예: 소송)는 공정가치
(2) 기존의 계약관계는 다음 (가)와 (나) 중 적은 금액
(가) 계약이 같거나 비슷한 항목의 현행 시장거래조건과 비교하여 취득자의 관점에서 유리하거나 불리한 경우에 그 금액(불리한 계약은 현행 시장 조건에서 불리한 계약이다. 이 계약은 계약상의 의무 이행에서 생기는 회피불가능한 원가가 그 계약에서 받을 것으로 기대하는 경제적 효익을 초과하는 손실부담계약일 필요는 없다)
(나) 거래상대방에 불리한 조건으로 사용될 수 있는 계약에서 거래상대방에게 정산 규정을 분명하게 밝힌 경우의 그 금액
만약 (나)가 (가)보다 적을 경우, 그 차이는 사업결합 회계처리의 일부로 포함한다.

※ 객관식 문제풀이에 앞서 각 장의 주요 주제별 중요도를 파악해볼 수 있습니다.
※ 시험 대비를 위해 꼭 풀어보아야 하는 필수문제를 정리하여 효율적으로 학습할 수 있습니다.

1. 출제경향

주요 주제	중요도
1. 이론형 문제	★★★★★
2. 연결 기본형	★★★★★
3. 부분영업권과 전부영업권	★★★★★
4. 부의 비지배지분	★★
5. 기타포괄손익이 존재하는 경우의 연결	★★
6. 채권 · 채무 상계제거	★
7. 역취득	★★

2. 필수문제 리스트

구분		필수문제 번호
회계사	기본문제	1, 2, 3, 4, 5, 6, 7, 8, 9, 10, 11, 14, 15 18, 20, 21, 22, 23, 24
	고급문제	1, 2, 3, 9, 10

Chapter 2

연결회계

■ 기본문제
■ 고급문제
■ 정답 및 해설

01 연결재무제표의 유용성과 한계점에 관한 설명들이다. 내용이 가장 적절하지 않은 것은?

[2010 공인회계사 1차]

① 연결재무제표는 연결대상이 되는 기업들을 하나의 경제적 실체로 파악하므로, 지배기업만의 재무상태와 경영성과를 표시한 재무제표를 작성할 때보다 종속기업을 이용한 지배기업의 이익조정이 용이해진다는 한계점이 있을 수 있다.

② 지배기업과 종속기업은 경제적으로 단일실체이다. 따라서 지배기업의 경영자가 연결실체를 총체적으로 파악하고 경영자원을 활용하기 위해서는 연결대상 전체의 재무상태와 경영성과에 대한 정보인 연결재무제표가 유용할 수 있다.

③ 연결대상 기업의 범위를 경제적 실질에 맞게 규정하지 못한 경우 또는 연결대상이 되는 개별 기업들의 업종이나 회계처리방법 등이 서로 다른 경우 연결재무제표가 제공하는 정보는 왜곡될 수 있다.

④ 채권자나 법적인 계약당사자, 과세당국 등 개별기업의 이해관계자들에게 연결재무제표만을 제공하는 경우에는 정보의 유용성에 한계가 있을 수 있다.

⑤ 지배기업은 종속기업의 재무정책과 영업정책을 결정할 수 있으므로 지배기업만의 재무상태와 경영성과를 표시한 재무보고는 이해관계자가 지배기업을 평가하는 데 한계가 있을 수 있다. 따라서 연결재무제표는 지배기업과 종속기업으로 구성된 경제적 실체의 재무상태와 경영성과를 평가하는 데 유용할 수 있다.

02 기업회계기준서 제1110호 '연결재무제표'에 관한 다음 설명 중 옳은 것은?

[2021 공인회계사 1차]

① 투자자가 피투자자 의결권의 과반수를 보유하는 경우 예외 없이 피투자자를 지배하는 것으로 본다.

② 지배기업과 종속기업의 보고기간 종료일이 다른 경우 실무적으로 적용할 수 없지 않다면 종속기업은 연결재무제표 작성을 위해 지배기업의 보고기간 종료일을 기준으로 재무제표를 추가로 작성해야 한다.

③ 투자자가 시세차익, 투자이익이나 둘 다를 위해서만 자금을 투자하는 기업회계기준서 제1110호상의 투자기업으로 분류되더라도 지배력을 가지는 종속회사에 대해서는 연결재무제표를 작성해야 한다.

④ 투자자는 권리 보유자의 이익을 보호하기 위해 설계된 방어권으로도 피투자자에 대한 힘을 가질 수 있다.

⑤ 연결재무제표에 추가로 작성하는 별도재무제표에서 종속기업과 관계기업에 대한 투자지분은 지분법으로 표시할 수 없다.

03 다음은 투자자의 피투자자에 대한 지배력에 관한 설명이다. 옳지 않은 것은?

[2014 공인회계사 1차]

① 투자자가 피투자자에 대한 지배력을 갖기 위해서는 지배력의 세 가지 요소인 피투자자에 대한 힘, 피투자자에 대한 관여로 인한 변동이익에 대한 노출 또는 권리, 그리고 투자자의 이익금액에 영향을 미치기 위하여 피투자자에 대하여 자신의 힘을 사용하는 능력을 모두 가져야 한다.

② 둘 이상의 투자자들이 각각에게 다른 관련활동을 지시하는 일방적인 능력을 갖게 하는 현존 권리를 보유하는 경우, 투자자 어느 누구도 개별적으로 피투자자를 지배하지 못한다.

③ 투자자가 피투자자에 대한 의결권 과반수를 보유하고 있더라도 그러한 권리가 실질적이지 않다면 피투자자에 대한 힘을 가지지 않는다.

④ 투자자가 피투자자 의결권의 과반수 미만을 보유하더라도 일방적으로 관련활동을 지시하는 실질적 능력을 가진 경우에는 힘을 가질 수 있다.

⑤ 대리인인 투자자가 자신에게 위임된 의사결정권을 행사하는 경우에는 의결권의 과반수를 행사하더라도 피투자자를 지배하는 것으로 볼 수 없다.

04 연결재무제표의 주체를 보는 관점에 따라 다양한 연결이론이 있으며, 연결과정에서 각각의 연결이론에 바탕을 둔 회계처리가 가능하다. 다음 중 실체(연결실체 또는 기업실체)이론이 주장하는 내용과 가장 차이가 있는 것은?

[2010 공인회계사 1차]

① 주주의 지위에 있어서 비지배주주는 지배기업과 종속기업으로 구성되는 연결실체의 주주로서 지배주주와 동등한 지위를 갖는 것으로 본다.

② 연결재무제표 작성에 있어서 영업권 또는 염가매수차익은 지배력획득일의 지배기업의 투자액과 종속기업의 식별가능한 순자산공정가치 중 지배지분에 속하는 금액과의 차이로 계산된다.

③ 연결대상 기업들 사이의 거래는 모두 연결실체 내의 거래로 보고, 하향판매와 상향판매에 관계없이 모든 내부거래에서 발생한 미실현손익은 전액 제거되어야 한다.

④ 연결재무제표는 연결대상이 되는 기업들로 구성된 경제적 단일실체에 대한 정보제공이 주요 목적이므로, 종속기업의 당기순손익 중 비지배주주에 귀속되는 부분도 모두 연결당기순손익에 포함된다.

⑤ 종속기업의 손실 등으로 비지배지분이 0 미만이 될 경우에는 연결재무제표상에 부(-)의 비지배지분이 표시된다.

05 연결재무제표에 관한 설명으로 옳지 않은 것은? [2018 세무사 1차]

① 투자기업의 지배기업은 자신이 투자기업이 아닐 경우에는, 종속기업인 투자기업을 통해 지배하는 기업을 포함하여 지배하는 모든 종속기업을 공정가치로 측정하여 당기손익에 반영한다.

② 지배기업은 비슷한 상황에서 발생한 거래와 그 밖의 사건에 동일한 회계정책을 적용하여 연결재무제표를 작성한다.

③ 지배기업은 비지배지분을 연결재무제표에서 자본에 포함하되 지배기업의 소유주지분과는 구분하여 별도로 표시한다.

④ 지배기업이 소유한 종속기업 지분이 변동되더라도 지배기업이 종속기업에 대한 지배력을 상실하지 않는다면, 그것은 자본거래이다.

⑤ 피투자자의 연결은 투자자가 피투자자에 대한 지배력을 획득하는 날부터 시작되어 투자자가 피투자자에 대한 지배력을 상실할 때 중지된다.

06 20×9년 1월 1일 ㈜대한은 ㈜신라의 보통주 60%를 ₩800,000에 취득하여 지배력을 획득하였다. 지배력획득시점에 ㈜신라의 요약재무상태표는 다음과 같다.

요약재무상태표

㈜신라　　　　　　　　　　　20×9년 1월 1일 현재

구분	장부금액	공정가치	구분	장부금액	공정가치
현금	₩50,000	₩50,000	차입금	₩200,000	₩200,000
재고자산	₩100,000	₩120,000	자본금	₩300,000	
토지	₩300,000	₩350,000	이익잉여금	₩250,000	
건물(순액)	₩500,000	₩600,000	기타포괄손익누계액	₩200,000	
	₩950,000			₩950,000	

20×9년 1월 1일 지배력획득일 현재 ㈜대한의 연결재무제표에 계상될 영업권과 비지배지분은 각각 얼마인가? 단, 비지배지분에 대한 영업권은 인식하지 않는다.

[2008 공인회계사 1차 수정]

	영업권	비지배지분
①	₩102,000	₩368,000
②	₩248,000	₩368,000
③	₩248,000	₩467,200
④	₩350,000	₩467,200
⑤	₩350,000	₩368,000

07 제조업을 영위하는 ㈜한국은 ㈜서울에 대한 지배력을 획득하기 위해 다음의 두 가지 방안을 고려하고 있다.

> 방안 1: ㈜서울의 의결권 있는 보통주식 100%를 ₩20,000에 취득하고 ㈜서울을 흡수합병한다.
>
> 방안 2: ㈜서울의 의결권 있는 보통주식 60%를 ₩14,000에 취득한다.
>
> 사업결합이 검토되는 시점에서 ㈜한국과 ㈜서울의 요약재무상태표는 다음과 같다.

구분	㈜한국	㈜서울 장부금액	㈜서울 공정가치
자산	₩80,000	₩30,000	₩35,000
부채	₩50,000	₩20,000	₩20,000
자본	₩30,000	₩10,000	

㈜한국이 방안 1을 실행함에 따라 합병 직후에 작성되는 합병재무상태표와 방안 2를 실행함에 따라 지배력획득 직후에 작성되는 연결재무상태표에 대한 비교설명으로 옳은 것은? 단, 비지배지분은 종속기업의 식별가능한 순자산공정가치에 비례하여 결정한다. [2016 공인회계사 1차]

① 합병재무상태표에 계상되는 영업권과 연결재무상태표에 계상되는 영업권은 그 금액이 동일하다.

② 합병재무상태표의 자산합계액은 연결재무상태표의 자산합계액보다 크다.

③ 합병재무상태표의 부채합계액은 연결재무상태표의 부채합계액보다 작다.

④ 합병재무상태표의 자본합계와 연결재무상태표의 자본합계는 그 금액이 동일하다.

⑤ 합병재무상태표에 계상되는 비지배지분과 연결재무상태표에 계상되는 비지배지분은 그 금액이 동일하다.

08 ㈜국세는 20×1년 1월 1일에 ㈜종속의 주식 70%를 ₩1,000,000에 취득하여 지배권을 획득하였다. 주식 취득 당시 ㈜종속의 자본은 자본금 ₩700,000과 이익잉여금 ₩300,000으로 구성되어 있었으며 자산과 부채의 장부금액과 공정가치는 차이가 없었다. ㈜종속은 20×1년에 ₩1,800,000의 당기순손실을 보고하였으나, 20×2년에는 ₩1,000,000의 당기순이익을 보고하였다. 20×1년 말과 20×2년 말의 연결재무상태표에 표시될 비지배지분은 얼마인가? (단, 비지배지분은 ㈜종속의 식별가능한 순자산 중 비지배지분의 비례적 지분으로 계산한다. 또한 ㈜종속의 기타포괄손익은 없다고 가정한다)

[2010 세무사 1차]

	20×1년	20×2년
①	(-)₩240,000	₩60,000
②	(-)₩240,000	₩300,000
③	₩0	₩60,000
④	₩0	₩300,000
⑤	₩300,000	₩600,000

09 20×1년 1월 1일 ㈜지배는 자본금과 이익잉여금이 각각 ₩100,000과 ₩230,000인 ㈜종속의 보통주식 60%(600주)를 ₩270,000에 취득하여 지배력을 획득하였다. 취득시점 ㈜종속의 자산 및 부채의 장부금액과 공정가치는 모두 일치하였고 1주당 공정가치는 ₩450이었다. 비지배지분을 종속기업의 식별가능한 순자산공정가치에 대한 비례적 지분으로 측정하는 경우(방법 1)와 공정가치로 측정하는 경우(방법 2)에 각각의 방법에 따른 20×1년 말 연결재무제표상 계상될 영업권은 얼마인가?

	방법 1	방법 2
①	₩63,000	₩100,000
②	₩65,000	₩100,000
③	₩72,000	₩100,000
④	₩72,000	₩120,000
⑤	₩72,000	₩140,000

10 20×1년 초에 A회사는 B회사의 의결권이 있는 보통주 60%를 취득하여 지배력을 획득하였다. 다음은 A회사와 그 종속기업인 B회사의 20×2년 12월 31일 연결재무제표를 작성하기 위한 자료 중 일부이다.

> (1) 20×2년 12월 31일 현재 A회사와 B회사의 별도재무제표에서 발췌한 자료는 다음과 같다.
>
> | 구분 | A회사 | B회사 |
> |---|---|---|
> | 매출채권 | ₩4,000,000 | ₩600,000 |
> | 차입금 | ₩7,500,000 | ₩3,400,000 |
> | 미수이자 | ₩150,000 | ₩80,000 |
> | 이자비용 | ₩800,000 | ₩400,000 |
>
> (2) A회사의 20×2년 매출액 중 ₩1,000,000은 B회사에 대한 것이며, 20×2년 말 A회사의 매출채권 중 B회사에 대한 것은 ₩300,000이다.
> (3) 20×2년 말 B회사의 매입채무 중 ₩400,000은 A회사에 대한 것이며, A회사는 당기 중 B회사가 발행한 어음 ₩100,000을 은행에서 할인받았는데, 금융자산의 제거요건을 충족하였다.
> (4) A회사는 20×2년 7월 초에 B회사에 ₩1,000,000을 연 10% 이자율(매년 6월 30일 지급 조건)로 대여해 주었다.

A회사의 20×2년 말 연결재무상태표에 표시될 매출채권, 차입금은 각각 얼마인가?

	매출채권	차입금
①	₩4,600,000	₩10,000,000
②	₩4,300,000	₩10,000,000
③	₩4,600,000	₩11,000,000
④	₩4,300,000	₩11,000,000
⑤	₩4,600,000	₩10,100,000

※ 다음 자료를 이용하여 **11 ~ 13**까지의 물음에 답하시오. 단, 법인세효과는 고려하지 않는다.

[2010 공인회계사 1차]

㈜현재는 설립 후 상품매매업을 영위해 왔던 기업이다. ㈜현재는 장기 성장전략의 일환으로 새로운 사업 분야 진출을 위해 노력하던 중 20×1년 7월 1일 비상장기업인 ㈜미래의 지분을 100% 인수하였다. ㈜현재는 ㈜미래를 제외하고 다른 기업의 주식을 보유한 적이 없으며, 추가적인 취득 계획도 없다. ㈜미래는 의약품과 건강보조식품 등을 제조 판매하는 회사로서 다양한 신약 후보물질을 개발하여 제조와 판매의 승인을 기다리고 있다.

(가) ㈜미래는 비만에 대한 치료효과가 탁월할 것으로 기대되는 신약 예비물질 '갑'을 개발하여 20×0년 말에 식품의약품안전청(이하 식약청)에 제조와 판매승인을 신청했다. ㈜현재는 해당 정보를 20×1년 초에 입수하고, '갑'의 향후 판매로 인한 이익확대를 기대하여 ㈜미래를 인수하였다. 만약 ㈜미래가 개발한 '갑'과 관련된 정보를 알지 못했다면, ㈜현재는 ㈜미래를 인수하지 않았을 것이다.

(나) 20×1년 7월 1일 기준 ㈜미래의 주식 취득 관련 사항

㈜현재는 자신의 주식 10주를 발행하여 ㈜미래의 지배주주에게 지급하고, ㈜미래의 발행주식 100%를 모두 인수하였다. 지급 당시 ㈜현재의 1주당 액면금액은 ₩50이고, 공정가치는 ₩100이다. 인수 당시 ㈜미래의 장부상 자산과 부채 금액은 각각 ₩900과 ₩200이며, 식별 가능한 자산과 부채의 공정가치는 각각 ₩800과 ₩200이다.

(다) ㈜현재의 ㈜미래 인수 이후의 사건

- 20×2년 중: ㈜현재의 유통망을 이용하여 ㈜미래가 생산하는 건강보조식품을 매입하여 판매하기로 하였다. ㈜현재는 20×2년 중 ㈜미래로부터 원가 ₩200의 건강보조식품을 ₩300에 매입하였다. 20×2년 말까지 해당 상품 중 50%를 ₩200에 판매하였고, 나머지는 보관 중이다.

- 20×2년 말: 식약청에 사용승인을 신청했던 신약 예비물질 '갑'이 부작용 등의 위험으로 인해 제조 및 시판이 금지되었다. 이 사건으로 인해 ㈜미래는 심각한 경영위기에 있고, 현재 상황으로는 향후에도 ㈜미래는 시장대비 초과이익을 창출할 가능성이 없으며, ㈜미래의 지분을 ㈜미래 순자산의 공정가치 이상으로 처분할 수도 없다.

- 20×3년 중: ㈜미래는 식약청으로부터 치매치료제로서 신약 후보 물질인 '을'의 제조 및 판매 승인을 받았다. 향후 '을'의 판매로 인해 ㈜미래의 매출과 이익의 상승이 기대되며, 그 효과는 ㈜현재가 ㈜미래를 인수할 당시 '갑'의 판매로 인해 기대했던 이익의 규모를 훨씬 초과한다.

11 ㈜현재의 20×1년도 연결재무제표에 포함되는 영업권 또는 염가매수차익의 금액과 별도재무제표에 표시되는 투자주식의 금액은? 단, 별도재무제표의 투자주식 평가는 원가법을 적용하고, 영업권의 손상차손은 없다. 만약 제시된 ①, ②, ③, ④ 항목 중 정답이 없다면 ⑤를 선택하라.

	연결재무제표		별도재무제표	
①	염가매수차익	₩100	투자주식	₩500
②	염가매수차익	₩200	투자주식	₩500
③	영업권	₩300	투자주식	₩1,000
④	영업권	₩400	투자주식	₩1,000
⑤	①, ②, ③, ④ 중 정답 없음			

12 ㈜현재의 20×2년도 연결재무제표상의 매출총이익은 ₩300이고, 별도재무제표상의 매출총이익은 ₩200이라고 가정할 때 ㈜미래의 20×2년도 재무제표상의 매출총이익은 얼마인가? 단, 위의 자료에서 제시한 거래 외에는 ㈜현재와 ㈜미래 사이의 거래는 없다.

① ₩50   ② ₩100   ③ ₩150
④ ₩200   ⑤ ₩250

13 만일 ㈜미래의 인수로 인해 ㈜현재의 20×1년 연결재무제표에서 영업권이 ₩100 발생한다고 가정하면, 20×2년 말과 20×3년 말 연결재무제표에서 영업권의 장부상 금액은 각각 얼마인가? 단, 자료에서 제시한 (나) 외의 사항은 동일하고, ㈜미래는 단일 현금창출단위이다.

	20×2년 말	20×3년 말
①	₩95	₩90
②	₩80	₩60
③	₩100	₩100
④	₩0	₩100
⑤	₩0	₩0

㈜지배는 20×1년 1월 1일에 ㈜종속의 보통주 90%를 ₩550,000에 취득하여 ㈜종속의 지배기업이 되었으며, 취득일 현재 ㈜종속의 요약재무상태표상 장부금액과 공정가치는 다음과 같다.

요약재무상태표

계정과목	장부금액	공정가치	계정과목	장부금액	공정가치
㈜종속			20×1. 1. 1. 현재		(단위: ₩)
현금 등	30,000	30,000	부채	150,000	150,000
재고자산	120,000	170,000	자본금	300,000	–
건물(순액)	500,000	550,000	이익잉여금	200,000	–
자산총계	650,000		부채·자본총계	650,000	

• ㈜종속은 건물을 정액법으로 상각하며, 20×1년 1월 1일에 건물의 잔존내용연수는 5년, 잔존가치는 없고, 모든 건물은 내용연수 동안 사용한다.

• ㈜종속의 재고자산은 20×1년에 60%가, 20×2년도에 40%가 외부로 판매되었다.

• 20×1년과 20×2년의 당기순이익으로 ㈜지배는 각각 ₩150,000과 ₩250,000을 보고하였으며, ㈜종속은 각각 ₩70,000과 ₩100,000을 보고하였다.

• 연결재무제표 작성 시 비지배지분은 ㈜종속의 식별가능한 순자산의 공정가치 중 비례적 지분으로 측정하며, 재무상태표상 제시된 자산·부채를 제외하고는 추가적으로 식별가능한 자산·부채는 없다.

• ㈜지배는 ㈜종속을 제외한 다른 종속기업을 갖고 있지 않다. 또한 20×1년 1월 1일 이후 ㈜지배와 ㈜종속의 자본 관련 거래는 없으며, 문제에 제시되어 있는 것을 제외한 어떠한 내부거래도 없었다. (단, 법인세효과는 고려하지 않는다)

14 ㈜지배가 20×1년 12월 31일에 연결재무제표를 작성하는 경우 인식해야 하는 연결당기순이익과 비지배지분은 각각 얼마인가? 단, 20×1년 12월 31일에 영업권의 회수가능액은 ₩7,000으로 추정하였다.

	연결당기순이익	비지배지분
①	₩220,000	₩60,000
②	₩210,000	₩61,000
③	₩180,000	₩62,000
④	₩177,000	₩63,000
⑤	₩174,000	₩64,000

15 ㈜지배는 20×2년 1월 1일에 ㈜종속에 건물(취득원가 ₩100,000, 감가상각누계액 ₩50,000, 정액법 상각, 잔존내용연수 5년, 잔존가치 없음)을 ₩80,000에 매각하였다. ㈜지배가 20×2년 12월 31일에 연결재무제표를 작성하는 경우 인식해야 하는 연결당기순이익과 비지배지분은 각각 얼마인가? 단, 20×2년도에는 영업권의 손상차손은 발생하지 않았다.

	연결당기순이익	비지배지분
①	₩336,000	₩74,000
②	₩326,000	₩73,000
③	₩316,000	₩72,000
④	₩306,000	₩71,000
⑤	₩296,000	₩70,000

※ 다음의 자료를 이용하여 **16 ~ 17**에 답하시오. [2013 공인회계사 1차]

(1) 20×1년 초에 ㈜지배는 ㈜종속의 의결권 있는 주식 80%를 ₩140,000에 취득하는 사업결합을 하였다.
(2) 취득일 현재 ㈜종속의 순자산의 장부금액은 ₩120,000이고 공정가치는 ₩150,000이며, 양자의 차이는 토지의 공정가치가 장부금액을 ₩30,000 초과하는 데 기인한다. ㈜종속은 동 토지를 20×2년 중에 연결실체의 외부로 모두 매각하였으며, 이때 ₩35,000의 처분이익이 발생하였다.
(3) 20×1년 중에 ㈜종속은 ㈜지배에게 상품을 판매하였는데, 20×1년 말 현재 내부거래 미실현이익은 ₩24,000이며, 동 미실현이익은 20×2년 중에 모두 실현되었다.
(4) ㈜지배의 20×1년과 20×2년의 당기순이익은 각각 ₩300,000과 ₩350,000이고, ㈜종속의 20×1년과 20×2년의 당기순이익은 각각 ₩60,000과 ₩70,000이다.
(5) 비지배지분은 ㈜종속의 순자산공정가치에 지분율을 적용한 금액으로 측정한다.
(6) 20×1년 말과 20×2년 말 현재 영업권의 회수가능액은 각각 ₩15,000과 ₩16,000이다.
(7) 법인세효과는 고려하지 않는다.

16 20×1년 말 연결재무상태표에 표시될 비지배지분 금액은 얼마인가?

① ₩30,800   ② ₩37,200   ③ ₩38,200

④ ₩42,000   ⑤ ₩46,800

17 20×2년도 연결손익계산서에 표시될 당기순이익은 얼마인가?

① ₩361,000   ② ₩390,000   ③ ₩409,000

④ ₩414,000   ⑤ ₩444,000

18 ㈜지배는 ㈜종속 보통주의 80%를 소유하고 있는 지배기업이다. 20×1년 중 ㈜지배는 취득원가 ₩25,000의 토지를 ㈜종속에 매각하였으며, 20×1년 말 현재 해당 토지는 ㈜종속이 보유하고 있다. 20×1년 말 ㈜지배와 ㈜종속의 별도재무제표와 연결재무제표상 토지의 장부금액이 아래와 같다면, ㈜지배와 ㈜종속 간 토지의 매매금액은 얼마인가? 단, ㈜지배와 ㈜종속은 토지를 취득원가로 기록하고 있으며, 위 매각거래 이외의 내부거래는 없다. [2014 공인회계사 1차]

계정과목	㈜지배	㈜종속	연결재무제표
토지	₩100,000	₩80,000	₩168,000

① ₩10,000   ② ₩13,000   ③ ₩25,000

④ ₩37,000   ⑤ ₩40,000

※ 다음의 자료를 이용하여 **19 ~ 20**에 답하시오. [2017 공인회계사 1차]

제조업을 영위하는 ㈜대한은 20×1년 1월 1일 ㈜민국의 의결권 있는 보통주식 60%를 ₩120,000에 취득하여 지배력을 획득하였다. 취득일 현재 ㈜민국의 요약재무상태표는 다음과 같다.

요약재무상태표

㈜민국		20×1. 1. 1. 현재			(단위: ₩)
계정과목	장부금액	공정가치	계정과목	장부금액	공정가치
현금	30,000	30,000	부채	110,000	110,000
재고자산	40,000	50,000	자본금	100,000	
유형자산	120,000	150,000	이익잉여금	40,000	
기타자산	60,000	60,000			
	250,000			250,000	

<추가자료>

(1) ㈜민국의 재고자산은 20×1년 중에 모두 외부판매되었다.

(2) ㈜민국의 유형자산은 본사건물이며, 취득일 현재 잔존내용연수는 5년이고 잔존가치 없이 정액법으로 감가상각한다.

(3) 20×1년 중 ㈜대한은 토지(장부금액 ₩30,000)를 ㈜민국에게 ₩25,000에 매각하였다. ㈜민국은 해당 토지를 20×1년 말 현재 보유하고 있다.

(4) ㈜대한과 ㈜민국의 20×1년 당기순이익은 각각 ₩50,000과 ₩30,000이다.

(5) ㈜대한은 ㈜민국의 주식을 원가법으로 회계처리하며, 연결재무제표 작성 시 비지배지분은 종속기업의 식별가능한 순자산공정가치에 비례하여 결정한다.

(6) 취득일 현재 ㈜민국의 요약재무상태표에 표시된 자산과 부채 외에 추가적으로 식별가능한 자산과 부채는 없으며, 영업권 손상은 고려하지 않는다.

19 ㈜대한의 20×1년 말 연결재무제표에 계상되는 영업권은?

① ₩0
② ₩12,000
③ ₩24,000
④ ₩36,000
⑤ ₩48,000

20 ㈜대한의 20×1년도 연결재무제표에 표시되는 지배기업소유주귀속 당기순이익과 비지배지분귀속 당기순이익은?

	지배기업소유주귀속 당기순이익	비지배지분귀속 당기순이익
①	₩55,400	₩3,600
②	₩53,400	₩5,600
③	₩63,400	₩5,600
④	₩53,400	₩7,600
⑤	₩61,400	₩7,600

※ 다음 자료를 이용하여 **21 ~ 22**에 답하시오.

제조업을 영위하는 ㈜대한은 20×1년 1월 1일 ㈜민국의 의결권 있는 보통주 70%를 ₩150,000에 취득하여 지배력을 획득하였다. 취득일 현재 ㈜민국의 요약재무상태표는 다음과 같다.

요약재무상태표

㈜민국   20×1. 1. 1. 현재   (단위: ₩)

계정과목	장부금액	공정가치	계정과목	장부금액	공정가치
현금	30,000	30,000	부채	150,000	150,000
재고자산	80,000	80,000	자본금	100,000	
유형자산	150,000	200,000	이익잉여금	70,000	
기타자산	60,000	60,000			
	320,000			320,000	

<추가자료>

(1) ㈜민국의 유형자산은 본사건물이며, 취득일 현재 잔존내용연수는 10년이고 잔존가치 없이 정액법으로 상각한다.

(2) 20×2년 10월 초에 ㈜대한은 장부금액 ₩20,000의 재고자산(제품)을 ㈜민국에게 ₩30,000에 판매하였다. 이 제품은 20×2년 말 현재 외부에 판매되지 않고 ㈜민국의 재고자산으로 남아 있다.

(3) ㈜대한과 ㈜민국이 별도(개별)재무제표에서 보고한 20×1년과 20×2년의 당기순이익은 다음과 같다.

구분	20×1년	20×2년
㈜대한	₩100,000	₩130,000
㈜민국	₩40,000	₩50,000

(4) ㈜대한과 ㈜민국은 20×2년 3월에 각각 ₩50,000과 ₩20,000의 현금배당을 결의하고 지급하였다.

(5) 취득일 현재 ㈜민국의 요약재무상태표에 표시된 자산과 부채 외에 추가적으로 식별가능한 자산과 부채는 없다.

(6) ㈜대한은 별도재무제표에서 ㈜민국의 주식을 원가법으로 회계처리한다. 연결재무제표 작성 시 유형자산에 대해서는 원가모형을 적용하고, 비지배지분은 종속기업의 식별가능한 순자산 공정가치에 비례하여 결정한다.

21 ㈜대한의 20×1년도 연결포괄손익계산서에 표시되는 연결당기순이익은 얼마인가?

① ₩129,000   ② ₩130,000   ③ ₩135,000   ④ ₩139,000   ⑤ ₩140,000

22 ㈜대한의 20×2년 말 연결재무상태표에 표시되는 비지배지분은 얼마인가?

① ₩84,000   ② ₩85,500   ③ ₩87,000   ④ ₩90,000   ⑤ ₩91,500

58 회계사 · 세무사 · 경영지도사 단번에 합격! 해커스 경영아카데미 cpa.Hackers.com

23 20×1년 초에 A사는 B사주식 60%를 취득하여 지배력을 획득하였다. 20×1년 초에 B사는 액면가액 ₩100,000(이자율 10%, 3년 만기)인 사채를 ₩95,200에 발행하였다. 이자는 매 연도 말에 지급되며 사채발행시점의 시장이자율은 12%이다. 20×2년 말에 A사는 유통시장에서 B사가 발행한 사채를 ₩97,345에 취득하여 계약상 현금흐름 수취목적으로 보유할 예정이다. A사와 B사는 유효이자율법에 의해 이자수익과 이자비용을 인식한다. 20×2년의 연결재무제표에 표시될 사채추정상환손익은 얼마인가?

① ₩520   ② ₩345   ③ ₩874
④ ₩279   ⑤ ₩487

해커스 IFRS 김원종 객관식 고급회계

Chapter 2

연결회계

24 20×1년 초에 ㈜갑은 ㈜을의 발행주식 60%를 취득하여 지배력을 획득하였다. 지배력획득일 현재 ㈜을의 순자산장부금액은 ₩400,000이었으며 자산과 부채의 장부금액과 공정가치는 일치하였다. 관련 자료는 다음과 같다.

> (1) ㈜갑과 ㈜을은 20×1년에 각각 ₩80,000과 ₩50,000의 당기순이익을 보고하였으며, 20×1년 중에 결의되거나 지급된 배당금은 없었으며, ㈜을의 순자산가액은 당기순이익으로만 변동되었다.
>
> (2) 20×1년 1월 1일에 ㈜갑은 유통시장에서 ㈜을의 발행사채(액면가액 ₩100,000) 중 50%를 계약상 현금흐름 수취목적으로 ₩47,000에 취득하였다. 취득 당시 ㈜을에 계상된 사채의 장부금액은 ₩90,000이며, 이자는 연 10%의 이자율로 매년 말 지급되고, 만기일은 20×2년 12월 31일이다.

20×1년도 연결재무제표에서 연결당기순이익과 비지배지분을 산출하시오. 단, ㈜갑과 ㈜을은 사채발행차금을 정액법으로 상각하며, 비지배지분에 대한 영업권은 인식하지 않는다.

	연결당기순이익	비지배지분
①	₩130,000	₩179,600
②	₩130,000	₩154,200
③	₩129,000	₩154,200
④	₩129,000	₩167,400
⑤	₩129,000	₩179,600

제조업을 영위하는 ㈜대한은 20×1년 초에 ㈜민국의 보통주 60%를 ₩140,000에 취득하여 지배력을 획득하였다. 취득일 현재 ㈜민국의 순자산 장부금액은 ₩150,000(자본금 ₩100,000, 이익잉여금 ₩50,000)이다.

<추가자료>

• 취득일 현재 ㈜민국의 식별가능한 자산과 부채 중 장부금액과 공정가치가 다른 내역은 다음과 같다.

구분	장부금액	공정가치	추가정보
재고자산 (상품)	₩50,000	₩60,000	20×1년 중에 모두 외부판매됨
기계장치	₩120,000	₩160,000	취득일 현재 잔존내용연수는 8년이고, 잔존가치 없이 정액법으로 상각함

• 20×1년 중에 ㈜대한은 장부금액 ₩20,000의 재고자산(제품)을 ㈜민국에게 ₩30,000에 판매하였다. ㈜민국은 이 재고자산의 50%를 20×1년에, 나머지 50%를 20×2년에 외부로 판매하였다.

• 20×2년 1월 1일에 ㈜민국은 ㈜대한으로부터 ₩100,000을 차입하였다. 동 차입금의 만기는 20×2년 12월 31일이며, 이자율은 연 10%이다.

• ㈜대한과 ㈜민국이 별도(개별)재무제표에서 보고한 20×1년과 20×2년의 당기순이익은 다음과 같다.

구분	20×1년	20×2년
㈜대한	₩80,000	₩100,000
㈜민국	₩30,000	₩50,000

• ㈜대한은 별도재무제표에서 ㈜민국에 대한 투자주식을 원가법으로 회계처리한다. 연결재무제표 작성 시 유형자산에 대해서는 원가모형을 적용하고, 비지배지분은 종속기업의 식별가능한 순자산 공정가치에 비례하여 결정한다.

25 ㈜대한의 20×1년 말 연결재무상태표에 표시되는 비지배지분은 얼마인가?

① ₩80,000 ② ₩82,000 ③ ₩84,000

④ ₩86,000 ⑤ ₩92,000

26 ㈜대한의 20×2년도 연결포괄손익계산서에 표시되는 지배기업소유주귀속당기순이익은 얼마인가?

① ₩132,000 ② ₩130,000 ③ ₩128,000

④ ₩127,000 ⑤ ₩123,000

27 ㈜대한은 20×1년 초에 ㈜민국의 보통주 60%를 취득하여 지배력을 획득하였다. 지배력 획득일 현재 ㈜민국의 순자산 장부금액과 공정가치는 일치하였다. 20×2년 초에 ㈜대한은 사용 중이던 기계장치(취득원가 ₩50,000, 감가상각누계액 ₩30,000, 잔존내용연수 5년, 잔존가치 ₩0, 정액법 상각, 원가모형 적용)를 ㈜민국에 ₩40,000에 매각하였다. 20×3년 말 현재 해당 기계장치는 ㈜민국이 사용하고 있다. ㈜대한과 ㈜민국이 별도(개별)재무제표에서 보고한 20×3년도 당기순이익은 다음과 같다.

구분	㈜대한	㈜민국
당기순이익	₩20,000	₩10,000

㈜대한의 20×3년도 연결포괄손익계산서에 표시되는 지배기업소유주 귀속당기순이익은 얼마인가? [2023 공인회계사 1차]

① ₩22,000   ② ₩23,600   ③ ₩26,000
④ ₩28,400   ⑤ ₩30,000

28 기업회계기준서 제1110호 '연결재무제표'에 대한 다음 설명 중 옳은 것은? [2024 공인회계사 1차]

① 투자자가 피투자자에 대한 힘이 있거나 피투자자에 관여함에 따라 변동이익에 노출되거나 피투자자에 대한 자신의 힘을 사용하는 능력이 있을 때 피투자자를 지배한다.
② 지배기업과 종속기업의 재무제표는 보고기간 종료일이 같아야 하는 것이 원칙이며, 어떠한 경우라도 종속기업의 재무제표일과 연결재무제표일의 차이는 6개월을 초과해서는 안 된다.
③ 보고기업은 총포괄손익을 지배기업의 소유주와 비지배지분에 귀속시킨다. 다만, 비지배지분이 부(−)의 잔액이 되는 경우는 총포괄손익을 모두 지배기업의 소유주에게 귀속시킨다.
④ 연결재무제표를 작성할 때 당기순손익을 지배기업지분과 비지배지분에 배분하는 비율은 현재의 소유지분뿐만 아니라 잠재적 의결권의 행사 가능성을 반영하여 결정한다.
⑤ 지배기업이 종속기업에 대한 지배력을 상실한 경우에는 그 종속기업과 관련하여 기타포괄손익으로 인식한 모든 금액을 지배기업이 관련 자산이나 부채를 직접 처분한 경우의 회계처리와 같은 기준으로 회계처리한다.

01 20×2년 1월 1일에 ㈜지배는 ㈜종속의 의결권 있는 보통주식 60%를 ₩360,000에 취득하여 지배력을 획득하였다. 20×2년 1월 1일 현재 ㈜종속의 요약재무상태표상 장부금액과 공정가치는 다음과 같다.

			요약재무상태표		
㈜종속			20×2. 1. 1. 현재		(단위: ₩)
계정과목	장부금액	공정가치	계정과목	장부금액	공정가치
현금	180,000	180,000	부채	100,000	100,000
재고자산	140,000	160,000	자본금	300,000	–
유형자산	200,000	300,000	이익잉여금	120,000	–
자산총계	520,000		부채·자본총계	520,000	

20×2년 1월 1일에 ㈜종속은 20×1년 말 현재의 주주에게 배당금 ₩20,000을 지급하였다. 위 요약재무상태표상의 이익잉여금은 배당금 지급을 반영하기 전의 금액이다. 이 경우 ㈜지배가 지배력 획득 시 인식할 영업권의 금액은 얼마인가? 단, 비지배지분은 종속기업의 식별가능한 순자산공정가치에 비례하여 결정한다.

[2015 공인회계사 1차]

① ₩28,000　　　　② ₩36,000　　　　③ ₩48,000
④ ₩60,000　　　　⑤ ₩108,000

02 ㈜대한은 20×1년 1월 1일 ㈜민국의 지배력을 획득하였다. 지배력 획득시점의 양사의 재무상태표와 연결재무상태표는 다음과 같다.

구분	㈜대한의 재무상태표	㈜민국의 재무상태표	㈜대한 및 ㈜민국의 연결재무상태표
현금	₩400,000	₩60,000	₩460,000
재고자산	₩200,000	₩300,000	₩580,000
투자주식(㈜민국)	?	–	–
영업권	–	–	₩30,000
자산총계	?	₩360,000	₩1,070,000
매입채무	₩70,000	₩40,000	₩110,000
자본금	?	₩150,000	₩250,000
이익잉여금	?	₩170,000	₩550,000
비지배지분	–	–	₩160,000
부채 · 자본총계	?	₩360,000	₩1,070,000

㈜대한이 지배력 획득을 위해 지급한 대가는 얼마인가? 단, 비지배지분은 종속기업의 식별가능한 순자산공정가치에 비례하여 결정한다. [2015 공인회계사 1차]

① ₩110,000   ② ₩192,000   ③ ₩222,000

④ ₩270,000   ⑤ ₩292,000

03 ㈜갑은 20×1년 1월 1일 ㈜을의 의결권 있는 보통주식 80%를 ₩400,000에 취득하여 지배기업이 되었으며, 취득일 현재 ㈜을의 재무상태표는 다음과 같다.

재무상태표

㈜을		20×1년 1월 1일 현재			(단위: ₩)
계정과목	장부금액	공정가치	계정과목	장부금액	공정가치
현금	30,000	30,000	부채	100,000	100,000
재고자산	150,000	180,000	자본금	200,000	–
건물(순액)	200,000	150,000	이익잉여금	80,000	–
자산총계	380,000		부채 및 자본총계	380,000	

- 취득일 현재 ㈜을의 재무상태표상 표시된 자산과 부채를 제외하고는 추가적으로 식별가능한 자산과 부채는 존재하지 않는다.
- 건물의 잔존내용연수는 10년이고, 잔존가치는 없으며, 정액법으로 상각한다.
- 재고자산은 20×1년 중에 모두 외부로 판매되었다.
- ㈜을의 20×1년 당기순이익은 ₩80,000이며, 20×1년 중 ㈜을의 다른 자본변동거래는 없다.
- 비지배지분은 취득일의 공정가치로 측정하며, 취득일 현재 비지배지분의 공정가치는 ₩96,000이다.
- 20×1년 말 현재 ㈜을은 ㈜갑의 유일한 종속기업이다.

㈜갑이 20×1년 말 연결재무상태표에 표시할 비지배지분은 얼마인가? 단, 법인세효과는 없는 것으로 가정한다.
[2012 공인회계사 1차]

① ₩61,000   ② ₩63,000   ③ ₩105,000

④ ₩107,000   ⑤ ₩110,000

※ 다음 자료를 이용하여 **04 ~ 05**에 답하시오.   [2019 공인회계사 1차]

㈜대한은 20×1년 초에 ㈜민국의 보통주 80%를 ₩1,200,000에 취득하여 지배력을 획득하였다. 지배력 획득시점의 ㈜민국의 순자산장부금액은 공정가치와 동일하다. 다음은 지배력 획득일 현재 ㈜민국의 자본 내역이다.

㈜민국	20×1년 1월 1일
보통주자본금(주당 액면금액 ₩100)	₩500,000
자본잉여금	₩200,000
이익잉여금	₩800,000
	₩1,500,000

<추가자료>

(1) 20×1년과 20×2년 ㈜대한과 ㈜민국 간의 재고자산 내부거래는 다음과 같다. 매입회사 장부상 남아 있는 각 연도 말 재고자산은 다음 회계연도에 모두 외부에 판매되었다.

연도	판매회사 → 매입회사	판매회사 매출액	판매회사 매출원가	매입회사장부상 기말재고
20×1년	㈜대한 → ㈜민국	₩80,000	₩64,000	₩40,000
20×1년	㈜민국 → ㈜대한	₩50,000	₩40,000	₩15,000
20×2년	㈜대한 → ㈜민국	₩100,000	₩70,000	₩40,000
20×2년	㈜민국 → ㈜대한	₩80,000	₩60,000	₩20,000

(2) ㈜대한은 20×1년 4월 1일에 보유 토지 ₩90,000을 ㈜민국에게 ₩110,000에 매각하였다. ㈜대한과 ㈜민국은 20×2년 12월 말부터 보유 토지에 대해 재평가모형을 적용하기로 함에 따라 ㈜민국은 ㈜대한으로부터 매입한 토지를 ₩120,000으로 재평가하였다.

(3) ㈜대한의 20×1년과 20×2년 당기순이익은 각각 ₩300,000과 ₩200,000이며, ㈜민국의 20×1년과 20×2년 당기순이익은 각각 ₩80,000과 ₩100,000이다.

(4) ㈜대한의 별도재무제표상 ㈜민국의 주식은 원가법으로 표시되어 있다. 연결재무제표 작성 시 비지배지분은 종속기업의 식별가능한 순자산공정가치에 비례하여 결정한다.

---

04 20×1년 말 ㈜대한의 연결재무상태표에 표시되는 비지배지분은 얼마인가?

① ₩300,000 ② ₩313,800 ③ ₩315,400

④ ₩316,000 ⑤ ₩319,800

05 ㈜대한의 20×2년도 연결포괄손익계산서에 표시되는 지배기업소유주귀속 당기순이익과 비지배지분귀속 당기순이익은 각각 얼마인가?

	지배기업소유주귀속 당기순이익	비지배지분귀속 당기순이익
①	₩264,400	₩18,400
②	₩264,400	₩19,000
③	₩264,400	₩19,600
④	₩274,400	₩19,600
⑤	₩274,400	₩21,600

06 20×1년 초에 A회사는 B회사의 보통주 80%를 취득하여 지배력을 획득하였다. 관련 자료는 다음과 같을 경우 20×1년의 연결당기순이익은 얼마인가?

> (1) A회사와 B회사는 20×1년에 각각 ₩250,000과 ₩200,000의 당기순이익을 보고하였다.
>
> (2) 20×1년 중에 A회사는 B회사에 ₩250,000의 상품을 판매하였으며, 20×1년 B회사의 기말재고자산에 남아 있는 A회사의 상품은 ₩40,000이었다. A회사의 매출총이익률은 20%이며, B회사는 동 상품에 대해 저가법을 적용하여 순실현가능가치인 ₩35,000으로 평가하였다.
>
> (3) 20×1년 초에 A회사는 B회사에 장부금액 ₩200,000(취득원가 ₩230,000, 감가상각누계액 ₩30,000, 잔존내용연수 5년, 잔존가치 없음)의 기계장치를 ₩250,000에 처분하였다. B회사는 20×1년 말에 동 기계장치에 대하여 손상검사를 실시하여 ₩20,000(회수가능액 ₩180,000)의 손상차손을 인식하였다. 양 회사 모두 감가상각방법은 정액법이다.

① ₩427,000 ② ₩418,000 ③ ₩403,000
④ ₩432,000 ⑤ ₩446,000

07 다음은 A회사와 그 종속기업인 B회사의 20×1년 12월 31일 개별 및 연결재무제표에서 발췌한 부분재무제표이다.

<부분재무상태표>

구분	A회사	B회사	연결재무제표
재고자산	₩30,000	₩25,000	?

<부분포괄손익계산서>

구분	A회사	B회사	연결재무제표
매출액	₩200,000	₩140,000	₩310,000
매출원가	₩150,000	₩110,000	₩233,000

20×1년에 A회사는 외부판매와 동일한 매출총이익률로 B회사에 상품을 판매하였으며 20×1년 12월 31일 현재 B회사는 A회사로부터 구입상품 중 40%를 재고자산으로 보유하고 있다. 20×1년의 A회사와 B회사 간의 내부상품거래금액과 20×1년 12월 31일 연결재무상태표에 표시될 재고자산은 얼마인가?

	내부상품거래액	재고자산
①	₩50,000	₩52,000
②	₩50,000	₩48,000
③	₩50,000	₩55,000
④	₩30,000	₩55,000
⑤	₩30,000	₩52,000

08 12월 결산법인인 ㈜한강은 ㈜청계 보통주의 90%를 소유하고 있다. 20×7년 1월 1일 ㈜한강은 장부금액 ₩70,000의 기계를 ₩100,000의 가격으로 ㈜청계에 매각하고 동 일자로 ㈜청계로부터 ₩200,000을 차입하였다. 동 차입금의 상환일은 20×9년 12월 31일이며 이자율은 연 3%이다. ㈜청계에 매각한 기계의 내용연수는 매각시점에서 10년, 잔존가치는 ₩0으로 추정된다. ㈜한강과 ㈜청계는 정액법을 이용하여 감가상각하고 있다. 위에 주어진 정보를 기초로 할 때, 20×7년에 대한 연결재무제표를 작성함에 있어서 제거되어야 할 이자수익, 이자비용 및 감가상각비는 각각 얼마인가? [2007 공인회계사 1차]

	이자수익	이자비용	감가상각비
①	₩6,000	₩6,000	₩3,000
②	₩5,400	₩5,400	₩2,700
③	₩6,000	₩6,000	₩2,700
④	₩5,400	₩5,400	₩3,000
⑤	₩6,000	₩7,500	₩3,000

09 20×4년 1월 1일 ㈜제주는 내용연수가 5년이고 잔존가치가 ₩0인 기계를 구입하고 정액법에 따라 감가상각을 행하였다. 20×6년 1월 1일 ㈜제주는 보유하고 있던 기계를 ㈜한국에 처분하면서 다음과 같은 분개를 행하였다.

| (차) 현금및현금성자산 | 63,000 | (대) 기계 | 75,000 |
| 감가상각누계액 | 30,000 | 기계처분이익 | 18,000 |

12월 결산법인인 ㈜한국은 20×3년 1월 1일 ㈜제주의 의결권 주식의 60%를 구입하여 지배력을 획득하였으며 동 시점에서 ㈜제주의 모든 자산과 부채의 공정가치는 장부금액과 일치하였다. 또한, ㈜제주 주식의 취득가액과 ㈜제주의 순자산공정가치 중 지분해당액은 서로 일치하였으며, ㈜제주의 20×6년 당기순이익은 ₩100,000이다. 20×6년 연결대상회사 간 거래로 인한 기계 내용연수와 잔존가치의 변동은 없으며 ㈜한국은 구입한 기계를 정액법으로 상각한다. ㈜한국은 동 기계를 20×7년 12월 31일 ₩23,000의 가격으로 외부에 매각하였다. 20×6년의 비지배지분순이익과 20×7년 연결포괄손익계산서에 계상될 기계처분이익은 각각 얼마인가?

[2004 공인회계사 1차]

	20×6년 비지배지분순이익	20×7년 기계처분이익
①	₩35,200	₩15,000
②	₩35,200	₩8,000
③	₩35,200	₩7,000
④	₩42,400	₩8,000
⑤	₩42,400	₩15,000

10 ㈜갑은 20×1년 1월 1일 ㈜을의 의결권 있는 보통주식 60%를 취득하여 지배력을 획득하였으며, 지배력 획득시점에서 ㈜을의 모든 자산과 부채의 공정가치는 장부금액과 일치하였다. ㈜을은 20×1년에 ₩50,000의 당기순이익을 보고하였으며, 비지배지분은 종속기업의 식별가능한 순자산공정가치에 비례하여 결정한다. 20×1년 말 ㈜갑과 ㈜을 사이에 발생한 거래는 다음과 같다. 각 상황은 독립적이다.

> • 상황 1: 20×1년 말 ㈜갑은 장부금액 ₩10,000(취득원가 ₩30,000, 감가상각누계액 ₩20,000, 잔존내용연수 5년, 잔존가치 ₩0, 정액법 상각)인 기계를 ㈜을에 ₩13,000에 판매하였다. ㈜을은 이 기계를 20×2년에 외부로 판매하였다.
>
> • 상황 2: 20×1년 말 ㈜을은 장부금액 ₩10,000(취득원가 ₩30,000, 감가상각누계액 ₩20,000, 잔존내용연수 5년, 잔존가치 ₩0, 정액법 상각)인 기계를 ㈜갑에 ₩13,000에 판매하였다. ㈜갑은 이 기계를 20×2년에 외부로 판매하였다.

㈜갑은 ㈜을의 주식을 원가법으로 회계처리하고 있으며, 법인세효과는 고려하지 않는다. 각 상황에서 20×1년 비지배주주 귀속 순이익은 얼마인가?　　　　　　　　[2015 공인회계사 1차]

	상황 1	상황 2
①	₩18,800	₩19,040
②	₩18,800	₩20,000
③	₩19,040	₩20,000
④	₩20,000	₩18,800
⑤	₩20,000	₩19,040

<자료>
- ㈜대한은 20×1년 1월 1일에 ㈜민국의 의결권 있는 주식 60%를 ₩300,000에 취득하여 지배력을 획득하였다. 지배력 획득시점의 ㈜민국의 순자산 장부금액은 공정가치와 동일하다.
- 다음은 20×1년부터 20×2년까지 ㈜대한과 ㈜민국의 요약재무정보이다.

요약포괄손익계산서

계정과목	20×1년		20×2년	
	㈜대한	㈜민국	㈜대한	㈜민국
매출	₩850,000	₩500,000	₩800,000	₩550,000
(매출원가)	₩(700,000)	₩(380,000)	₩(670,000)	₩(420,000)
기타수익	₩210,000	₩170,000	₩190,000	₩150,000
(기타비용)	₩(270,000)	₩(230,000)	₩(200,000)	₩(210,000)
당기순이익	₩90,000	₩60,000	₩120,000	₩70,000

요약재무상태표

계정과목	20×1년		20×2년	
	㈜대한	㈜민국	㈜대한	㈜민국
현금 등	₩450,000	₩270,000	₩620,000	₩300,000
재고자산	₩280,000	₩150,000	₩250,000	₩200,000
종속기업투자	₩300,000	–	₩300,000	–
유형자산	₩670,000	₩530,000	₩630,000	₩400,000
자산	₩1,700,000	₩950,000	₩1,800,000	₩900,000
부채	₩710,000	₩490,000	₩690,000	₩370,000
자본금	₩700,000	₩250,000	₩700,000	₩250,000
이익잉여금	₩290,000	₩210,000	₩410,000	₩280,000
부채와 자본	₩1,700,000	₩950,000	₩1,800,000	₩900,000

- ㈜대한과 ㈜민국 간의 20×1년과 20×2년 내부거래는 다음과 같다.

연도	내부거래 내용
20×1년	㈜대한은 보유 중인 재고자산을 ₩100,000(매출원가 ₩80,000)에 ㈜민국에게 판매하였다. ㈜민국은 ㈜대한으로부터 매입한 재고자산 중 20×1년 말 현재 40%를 보유하고 있으며, 20×2년 동안 연결실체 외부로 모두 판매하였다.
20×2년	㈜민국은 보유 중인 토지 ₩95,000을 ㈜대한에게 ₩110,000에 매각하였으며, ㈜대한은 20×2년 말 현재 동 토지를 보유 중이다.

- ㈜대한의 별도재무제표에 ㈜민국의 주식은 원가법으로 표시되어 있다.
- 자산의 손상 징후는 없으며, 연결재무제표 작성 시 비지배지분은 종속기업의 식별 가능한 순자산공정가치에 비례하여 결정한다.

11 20×1년 12월 31일 현재 ㈜대한의 연결재무상태표에 표시되는 영업권을 포함한 자산총액은 얼마인가?

① ₩2,402,000　　　　② ₩2,500,000　　　　③ ₩2,502,000

④ ₩2,702,000　　　　⑤ ₩2,850,000

12 20×2년 ㈜대한의 연결포괄손익계산서에 표시되는 연결당기순이익은 얼마인가?

① ₩208,000　　　　② ₩197,000　　　　③ ₩183,000

④ ₩182,000　　　　⑤ ₩177,000

01 연결재무제표를 작성하면 지배기업과 종속기업의 내부거래와 상호출자 등이 제거되기 때문에 개별재무제표의 왜곡을 방지하고 이익을 조작할 가능성을 감소시킨다.

02 ① 의결권의 과반수를 보유하나 힘을 가지지 않는 경우: 피투자자의 의결권 과반수를 보유하는 투자자가 피투자자에 대한 힘을 보유하기 위해서는 투자자의 의결권이 실질적이어야 하고, 관련 활동을 지시하는 현재의 능력을 투자자에게 부여해야 한다. 즉, 투자자는 피투자자의 의결권 과반수를 보유하고 있더라도 그러한 권리가 실질적이지 않다면 피투자자에 대한 힘을 가지지 못한다. 예를 들어 정부, 법원, 관재인, 채권자, 청산인, 감독당국이 관련 활동을 지시한다면, 피투자자의 의결권 과반수를 보유하는 투자자는 힘을 가질 수 없다.

③ 투자기업은 시세차익, 투자수익이나 둘 다를 위해서 이익을 얻는 것을 목적으로 투자자산을 보유하는 기업을 말하므로 정보이용자는 연결재무제표의 정보보다는 보유하고 있는 투자자산의 공정가치와 공정가치의 평가방법이 매우 중요한 정보가 된다. 따라서, 투자기업은 다른 기업에 대한 지배력을 획득할 때 그 종속기업을 연결하거나 K-IFRS 제1103호 '사업결합'을 적용해서는 안 된다. 대신에 투자기업은 종속기업에 대한 투자자산을 K-IFRS 제1109호 '금융상품'에 따라 공정가치로 측정하여 당기손익에 반영해야 한다.

④ 방어권은 그 권리와 관련된 피투자자에 대한 힘을 갖게 하지 않으면서 권리 보유자의 이익을 보호하기 위해 설계되었기 때문에, 방어권만을 보유한 투자자는 피투자자에 대한 힘을 가질 수 없거나, 다른 당사자가 그러한 힘을 갖지 못하게 할 수 있다.

⑤ 별도재무제표를 작성할 때, 종속기업, 공동기업, 관계기업에 대한 투자자산은 다음 a, b, c 중 어느 하나를 선택하여 회계처리하며, 투자자산의 각 범주별로 동일한 회계처리방법을 적용하여야 한다.

   a. 원가법

   b. K-IFRS 제1109호 '금융상품'에 따른 방법(공정가치법)

   c. K-IFRS 제1028호 '관계기업과 공동기업에 대한 투자'에서 규정하고 있는 지분법

03 둘 이상의 투자자들이 각각에게 다른 관련활동을 지시하는 일방적인 능력을 갖게 하는 현존 권리를 보유하는 경우, 피투자자의 이익에 가장 유의적으로 영향을 미치는 활동을 지시하는 현재의 능력이 있는 투자자가 피투자자에 대한 힘을 갖는다.

04 실체이론은 연결재무제표의 주된 이용자를 지배기업은 물론 종속기업을 포함한 모든 연결실체의 주주와 채권자로 본다. 즉, 실체이론에서는 지배기업 주주와 종속기업의 비지배주주를 동등한 지위를 갖는 연결실체의 주주로 간주한다. 따라서, 실체이론에 의할 경우 영업권 또는 염가매수차익은 지배력획득일의 지배기업의 투자액과 종속기업의 식별가능한 순자산공정가치 중 지배기업소유주지분에 속하는 금액과의 차이뿐만 아니라 비지배주주의 영업권(또는 염가매수차익)도 함께 포함하여 계산한다.

05 투자기업의 지배기업은 자신이 투자기업이 아닐 경우에는, 종속기업인 투자기업을 통해 지배하는 기업을 포함하여 지배하는 모든 기업을 연결한다.

06 1. 영업권

투자주식의 취득원가		₩800,000
㈜신라의 순자산공정가치		
자산	₩1,120,000	
부채	₩(200,000)	
계	₩920,000	
지배기업지분율	×60%	₩(552,000)
영업권		₩248,000

2. 비지배지분

㈜신라의 순자산공정가치	₩920,000
비지배지분율	×40%
비지배지분	₩368,000

정답 01 ① 02 ② 03 ② 04 ② 05 ① 06 ②

07 ① 합병재무상태표에 계상되는 영업권: ₩20,000 - (₩35,000 - ₩20,000) = ₩5,000

연결재무상태표에 계상되는 영업권: ₩14,000 - (₩35,000 - ₩20,000) × 60% = ₩5,000

② 합병재무상태표의 자산합계액은 연결재무상태표의 자산합계액보다 작다.

③ 합병재무상태표의 부채합계액은 연결재무상태표의 부채합계액과 같다.

④ 합병재무상태표의 자본합계액은 연결재무상태표의 자본합계액보다 작다.

⑤ 합병재무상태표에 계상되는 비지배지분은 ₩0이고 연결재무상태표에 계상되는 비지배지분은 ₩6,000이다.

해설

1. 합병분개 및 합병재무상태표

합병분개	(차) 자산	35,000	(대) 부채	20,000
	영업권	5,000	현금	20,000

㈜한국	합병재무상태표			
자산	₩95,000	부채		₩70,000
영업권	₩5,000	자본		₩30,000
	₩100,000			₩100,000

2. 연결분개 및 연결재무상태표

연결분개	(차) 자본	10,000	(대) 투자주식	14,000
	자산	5,000	비지배지분	6,000
	영업권	5,000		

㈜한국	연결재무상태표			
자산	₩101,000	부채		₩70,000
영업권	₩5,000	자본		₩30,000
		비지배지분		₩6,000
	₩106,000			₩106,000

08 1. 20×1년 말 비지배지분: (₩700,000 + ₩300,000 − ₩1,800,000) × 30% = ₩(240,000)

2. 20×2년 말 비지배지분: {₩(800,000) + ₩1,000,000} × 30% = ₩60,000

해설

1. 지배기업이 종속기업의 지분을 100% 미만 보유하고 있으며, 종속기업의 영업활동이 악화되고 결손이 누적되어 종속기업의 순자산공정가치가 부(-)의 금액이 되는 경우에는 비지배지분이 대변잔액이 아니라 차변잔액이 되는데, 이를 부(-)의 비지배지분이라고 말한다. K-IFRS는 실체이론에 기반하여 비지배지분을 연결실체의 주주로 간주하므로 부(-)의 비지배지분을 연결재무상태표의 자본에서 차감하는 형식으로 표시해야 한다. 또한 보고기업은 비지배지분이 부(-)의 잔액이 되더라도 총포괄손익을 지배기업의 소유주와 비지배지분에 귀속시킨다.

2. 각 연도별 연결조정분개를 나타내면 다음과 같다.

    (1) 20×1년

    [투자주식과 자본계정의 상계제거]

① 투자주식과 자본계정의 상계	(차) 자본금(종속)	700,000	(대) 투자주식	1,000,000
	이익잉여금(종속)[1]	300,000	비지배지분[3]	300,000
	영업권[2]	300,000		

    [1] 20×1년 초 이익잉여금
    [2] 영업권: ₩1,000,000 − (₩700,000 + ₩300,000) × 70% = ₩300,000
    [3] 비지배지분: (₩700,000 + ₩300,000) × 30% = ₩300,000

    [비지배지분순이익 계상]

| ② 비지배지분순이익 계상 | (차) 비지배지분[1] | 540,000 | (대) 이익잉여금 | 540,000 |

    [1] 비지배지분순손실: ₩(1,800,000) × 30% = ₩(540,000)

    (2) 20×2년

    [투자주식과 자본계정의 상계제거]

① 취득시점의 투자·자본 상계	(차) 자본금(종속)	700,000	(대) 투자주식	1,000,000
	이익잉여금(종속)[1]	300,000	비지배지분[3]	300,000
	영업권[2]	300,000		

    [1] 20×1년 초 이익잉여금
    [2] 영업권: ₩1,000,000 − (₩700,000 + ₩300,000) × 70% = ₩300,000
    [3] 비지배지분: (₩700,000 + ₩300,000) × 30% = ₩300,000

| ② 취득시점 이후 자본변동 | (차) 이익잉여금(국세) | 1,260,000 | (대) 이익잉여금(종속)[1] | 1,800,000 |
| | 비지배지분 | 540,000 | | |

    [1] 20×1년 이익잉여금의 감소분(당기순손실)

    [비지배지분순이익 계상]

| ③ 비지배지분순이익 계상 | (차) 이익잉여금[1] | 300,000 | (대) 비지배지분 | 300,000 |

    [1] 비지배지분순이익: ₩1,000,000 × 30% = ₩300,000

09 1. 종속기업의 식별가능한 순자산공정가치에 대한 비례적 지분으로 측정하는 경우(방법 1)

20×1년 초 투자주식의 취득금액	₩270,000
20×1년 초 ㈜종속의 순자산공정가치: (₩100,000 + ₩230,000) × 60% =	₩(198,000)
영업권	₩72,000

2. 공정가치로 측정하는 경우(방법 2): (1) + (2) = ₩72,000 + ₩48,000 = ₩120,000

(1) 지배기업지분에 대한 영업권

20×1년 초 투자주식의 취득금액	₩270,000
20×1년 초 ㈜종속의 순자산공정가치: (₩100,000 + ₩230,000) × 60% =	₩(198,000)
영업권	₩72,000

(2) 비지배지분에 대한 영업권

20×1년 초 투자주식의 공정가치: ₩450 × 400주 =	₩180,000
20×1년 초 ㈜종속의 순자산공정가치: (₩100,000 + ₩230,000) × 40% =	₩(132,000)
영업권	₩48,000

10 1. 연결조정분개

[채권·채무 상계제거]

채권·채무 상계제거	(차) 매출	1,000,000	(대) 매출원가	1,000,000
	(차) 매입채무	400,000	(대) 매출채권	300,000
			차입금	100,000
	(차) 차입금	1,000,000	(대) 대여금	1,000,000
	(차) 미지급이자[1]	50,000	(대) 미수이자	50,000
	(차) 이자수익[1]	50,000	(대) 이자비용	50,000

[1] ₩1,000,000 × 10% × 6/12 = ₩50,000

2. 연결재무상태표상의 계정잔액

(1) 매출채권: ₩4,000,000 + ₩600,000 − ₩300,000 = ₩4,300,000

(2) 차입금: ₩7,500,000 + ₩3,400,000 + ₩100,000 − ₩1,000,000 = ₩10,000,000

3. 연결대상기업에 대한 매출채권의 양도가 제거요건을 충족한 경우에는 연결재무제표에는 이를 차입금으로 계상해야 한다.

4. 연결실체 간의 채권·채무가 있을 경우에는 연결조정 시 이를 상계제거해야 한다. 이때 유의할 점은 연결실체 간의 채권·채무와 관련된 이자수익과 이자비용도 상계제거해야 하며, 미수이자와 미지급이자를 계상한 경우라면 미수이자와 미지급이자도 상계제거해야 한다는 것이다.

11 1. 영업권의 산정

(1) ㈜미래 투자주식의 취득원가: 10주 × ₩100 =	₩1,000
(2) ㈜미래의 순자산공정가치: (₩800 − ₩200) × 100% =	₩(600)
(3) 영업권	₩400

2. 별도재무제표의 투자주식: 10주 × ₩100 = ₩1,000

12

㈜현재 매출총이익	㈜미래 매출총이익	연결 매출총이익
₩200	x	₩300

㈜미래의 매출총이익을 x라고 하면,

x − 내부미실현이익 ₩50{= (₩300 × 50%) × 1/3} = ₩100이다.

∴ 매출총이익(x) = ₩150

13 1. 20×2년 말 영업권 손상차손

20×2년 말	(차) 영업권손상차손	100	(대) 영업권	100

∴ 영업권에 대한 손상차손을 인식하여 20×2년 말 영업권 금액은 ₩0이다.

2. 20×3년 말 영업권의 손상차손환입

∴ 영업권의 손상차손환입을 인정하지 않으므로 20×3년 말 영업권 금액은 ₩0이다.

14 1. 20×1년 12월 31일 연결당기순이익

	㈜지배	㈜종속
보고된 당기순이익	₩150,000	₩70,000
투자차액의 상각		
재고자산	–	₩(30,000)[1]
건물	–	₩(10,000)[2]
영업권손상차손	₩(3,000)[3]	–
연결조정 후 당기순이익	₩147,000	₩30,000

[1] ₩50,000 × 60% = ₩30,000
[2] ₩50,000/5년 = ₩10,000
[3] ₩10,000 – ₩7,000 = ₩3,000

∴ 연결당기순이익: 　₩147,000　+　₩30,000　=　₩177,000

2. 20×1년 말 비지배지분: 종속기업 순자산공정가치 × 비지배지분율

20×1년 말 ㈜종속의 순자산장부금액	₩570,000
20×1년 말 투자차액 미상각잔액	
재고자산: ₩50,000 × 40% =	₩20,000
건물: ₩50,000 – ₩10,000 =	₩40,000
20×1년 말 ㈜종속의 순자산공정가치	₩630,000
× 비지배지분율	× 10%
20×1년 말 비지배지분	₩63,000

15 1. 20×2년 12월 31일 연결당기순이익

	㈜지배	㈜종속
보고된 당기순이익	₩250,000	₩100,000
투자차액의 상각		
재고자산	–	₩(20,000)[1]
건물	–	₩(10,000)[2]
내부거래 미실현손익	₩(24,000)[3]	–
연결조정 후 당기순이익	₩226,000	₩70,000

[1] ₩50,000 × 40% = ₩20,000
[2] ₩50,000/5년 = ₩10,000
[3] (₩80,000 – ₩50,000) – (₩80,000 – ₩50,000) × 1년/5년 = ₩24,000

∴ 연결당기순이익: 　₩226,000　+　₩70,000　=　₩296,000

2. 20×2년 말 비지배지분: 종속기업 순자산공정가치 × 비지배지분율

20×2년 말 ㈜종속의 순자산장부금액	₩670,000
20×2년 말 투자차액 미상각잔액	
재고자산	–
건물: ₩50,000 – ₩10,000 × 2년 =	₩30,000
20×2년 말 ㈜종속의 순자산공정가치	₩700,000
× 비지배지분율	× 10%
20×2년 말 비지배지분	₩70,000

정답　13 ⑤　14 ④　15 ⑤

16 20×1년 말 비지배지분: 종속기업 순자산공정가치 × 비지배지분율

20×1년 말 ㈜종속의 순자산장부금액: ₩120,000 + ₩60,000 =		₩180,000
20×1년 말 투자차액 미상각잔액		
토지		₩30,000
20×1년 말 상향거래 미실현손익 잔액		
재고자산		₩(24,000)
20×1년 말 ㈜종속의 순자산공정가치		₩186,000
× 비지배지분율		× 20%
20×1년 말 비지배지분		₩37,200

17

	㈜지배	㈜종속
보고된 당기순이익	₩350,000	₩70,000
투자차액의 상각		
토지	–	₩(30,000)
내부거래 실현손익	–	₩24,000
연결조정 후 당기순이익	₩350,000	₩64,000

∴ 연결당기순이익: 　₩350,000 　+ 　₩64,000 　= 　₩414,000

18 토지의 내부거래 미실현이익: (₩100,000 + ₩80,000) − ₩168,000 = ₩12,000
∴ 토지의 매매금액: ₩25,000 + ₩12,000 = ₩37,000

19

투자주식의 취득원가		₩120,000
㈜민국의 순자산장부금액	₩140,000	
재고자산 과소평가	₩10,000	
유형자산 과소평가	₩30,000	
계	₩180,000	
지배기업지분율	× 60%	₩(108,000)
영업권		₩12,000

20

	㈜대한		㈜민국		합계
보고된 당기순이익	₩50,000		₩30,000		₩80,000
투자차액의 상각					
재고자산	–		₩(10,000)		₩(10,000)
유형자산	–		₩(6,000)		₩(6,000)
내부거래제거					
토지 미실현손익	₩5,000		–		₩5,000
연결조정 후 당기순이익	₩55,000		₩14,000		₩69,000

∴ 연결당기순이익:	₩55,000	+	₩14,000	=	₩69,000
지배기업소유주귀속 당기순이익:	₩55,000	+	₩14,000 × 60%	=	₩63,400
비지배지분귀속 당기순이익:			₩14,000 × 40%	=	₩5,600

정답　16 ②　17 ④　18 ④　19 ②　20 ③

21 1. 염가매수차익: ₩150,000 − (₩370,000 − ₩150,000) × 70% = ₩(4,000)

2. 연결당기순이익

	㈜대한	㈜민국	합계
보고된 당기순이익	₩100,000	₩40,000	₩140,000
투자차액의 상각			
유형자산	−	₩(5,000)	₩(5,000)
염가매수차익	₩4,000	−	₩4,000
연결조정 후 당기순이익	₩104,000	₩35,000	₩139,000
∴ 연결당기순이익:	₩104,000 +	₩35,000 =	₩139,000

22 20×2년 말 비지배지분: 종속기업 순자산공정가치 × 비지배지분율

20×2년 말 ㈜민국의 순자산장부금액: ₩170,000 + ₩40,000 + ₩50,000 − ₩20,000 =	₩240,000
20×2년 말 투자차액 미상각잔액	
유형자산: ₩50,000 × 8년/10년 =	₩40,000
20×2년 말 ㈜민국의 순자산공정가치	₩280,000
× 비지배지분율	× 30%
20×2년 말 비지배지분	₩84,000

23

사채의 장부금액[1)	₩98,219
사채의 취득가액	₩(97,345)
사채추정상환이익	₩874

[1) 20×2년 말 장부금액
₩95,200 + (₩95,200 × 12% − ₩100,000 × 10%) + {(₩95,200 + ₩1,424) × 12% − ₩100,000 × 10%} = ₩98,219

24 1. 연결당기순이익

		㈜갑	㈜을	합계
보고된 당기순이익		₩80,000	₩50,000	₩130,000
내부거래제거				
사채	상환손실		₩(2,000)	₩(2,000)
	부분적 인식		₩1,000	₩1,000
연결조정 후 당기순이익		₩80,000	₩49,000	₩129,000
∴ 연결당기순이익:		₩80,000 +	₩49,000 =	₩129,000

2. 비지배지분

20×1년 말 ㈜을의 순자산장부금액	₩450,000
내부거래제거: ₩(2,000) + ₩1,000 =	₩(1,000)
20×1년 말 ㈜을의 순자산공정가치	₩449,000
비지배지분율	× 40%
계	₩179,600

정답 21 ④ 22 ① 23 ③ 24 ⑤

25 20×1년 말 비지배지분: 종속기업 순자산공정가치 × 비지배지분율

20×1년 말 ㈜민국의 순자산장부금액: ₩150,000 + ₩30,000 =	₩180,000
20×1년 말 투자차액 미상각잔액	
기계장치: ₩40,000 × 7/8 =	₩35,000
20×1년 말 ㈜민국의 순자산공정가치	₩215,000
비지배지분율	× 40%
20×1년 말 비지배지분	₩86,000

26 연결당기순이익

	㈜대한	㈜민국	합계
보고된 당기순이익	₩100,000	₩50,000	₩150,000
투자차액의 상각			
기계장치	–	₩(5,000)	₩(5,000)
내부거래제거			
재고자산 실현손익	₩5,000	–	₩5,000
연결조정 후 당기순이익	₩105,000	₩45,000	₩150,000

∴ 연결당기순이익　₩105,000　+　₩45,000　=　₩150,000
　　지배기업소유주 귀속 당기순이익:　₩105,000　+　₩45,000 × 60%　=　₩132,000
　　비지배지분순이익:　　　　　　　　　　　　₩45,000 × 40%　=　₩18,000

27 연결당기순이익

	㈜대한	㈜민국	합계
보고된 당기순이익	₩20,000	₩10,000	₩30,000
투자차액의 상각	–		
내부거래제거			
기계장치 실현손익	₩4,000	–	₩4,000
연결조정 후 당기순이익	₩24,000	₩10,000	₩34,000

∴ 연결당기순이익　₩24,000　+　₩10,000　=　₩34,000
　　지배기업소유주 귀속 당기순이익:　₩24,000　+　₩10,000 × 60%　=　₩30,000
　　비지배지분순이익:　　　　　　　　　+　₩10,000 × 40%　=　₩4,000

28 ① 지배력은 투자자가 피투자자에 관여함에 따라 변동이익에 노출되거나 변동이익에 대한 권리가 있고, 피투자자에 대한 자신의 힘으로 변동이익에 영향을 미치는 능력이 있는 것을 의미한다.
② 지배기업과 종속기업의 재무제표는 보고기간 종료일이 같아야 하는 것이 원칙이며, 어떠한 경우라도 종속기업의 재무제표일과 연결재무제표일의 차이는 3개월을 초과해서는 안 된다.
③ 보고기업은 당기순손익과 기타포괄손익의 각 구성요소를 지배기업의 소유주와 비지배지분에 귀속시킨다. 또한 보고기업은 비지배지분이 부(–)의 잔액이 되더라도 총포괄손익을 지배기업의 소유주와 비지배지분에 귀속시킨다. 부(–)의 비지배지분은 연결재무상태표에서 자본에 포함하되 지배기업 소유주지분과는 구분하여 표시하며, 연결재무상태표의 자본에 차감하여 표시한다.
④ 연결재무제표를 작성할 때 잠재적 의결권이나 잠재적 의결권을 포함하는 그 밖의 파생상품이 있는 경우에 당기순손익과 자본변동을 지배기업지분과 비지배기업지분에 배분하는 비율은 현재의 소유지분에만 기초하여 결정하고 잠재적 의결권과 그 밖의 파생상품의 행사가능성이나 전환가능성은 반영하지 아니한다.

01 ㈜종속지분 취득원가 ₩360,000
㈜종속 순자산공정가치: (₩640,000 − ₩100,000 − ₩20,000[1]) × 60% = ₩(312,000)
영업권 ₩48,000

[1] 배당기준일인 20×1년 말 이후에 투자주식을 취득하였으므로 배당금 ₩20,000에 대한 청구권이 없으므로 취득일의 배당금 지급이 반영되지 않은 ㈜종속의 순자산공정가치에서 배당금을 차감하여야 함

02 1. 20×1년 1월 1일 비지배지분
순자산공정가치 × 비지배지분율(x): ₩400,000[1] × x = ₩160,000

[1] (₩360,000 − ₩40,000) + ₩580,000 − (₩200,000 + ₩300,000) = ₩400,000

∴ 비지배지분율(x) = 40%, 지배기업지분율 = 60%

2. 20×1년 1월 1일 영업권
투자주식의 취득원가(y) − 순자산공정가치 × 지배기업지분율
y − ₩400,000 × 60% = ₩30,000
∴ 투자주식 취득원가(y) = ₩270,000

03 비지배지분: (1) + (2) = ₩63,000 + 44,000 = ₩107,000
(1) 종속기업의 순자산공정가치 × 비지배지분율

① 20×1년 말 ㈜을의 순자산장부금액: ₩280,000 + ₩80,000 =	₩360,000
20×1년 말 투자차액 미상각잔액	
건물: ₩(50,000) × 9년/10년 =	₩(45,000)
② 20×1년 말 ㈜을의 순자산공정가치	₩315,000
③ 비지배지분율	× 20%
④ 20×1년 말 비지배지분	₩63,000

(2) 비지배지분에 대한 영업권: ₩96,000 − (₩360,000 − ₩100,000) × 20% = ₩44,000

별해
취득 시 비지배지분 공정가치 ₩96,000 + (당기순이익 ₩80,000 − 재고자산투자차액 상각 ₩30,000 + 건물투자차액 상각 ₩5,000) × 20% = ₩107,000

04 1. 20×1년 말 비지배지분: 종속기업 순자산공정가치 × 비지배지분율

20×1년 말 ㈜민국의 순자산장부금액: ₩1,500,000 + ₩80,000 =	₩1,580,000
20×1년 말 투자차액 미상각잔액	−
20×1년 말 상향거래 미실현손의 잔액	
재고자산: ₩15,000 × 20% =	₩(3,000)
20×1년 말 ㈜민국의 순자산공정가치	₩1,577,000
× 비지배지분율	× 20%
20×1년 말 비지배지분	₩315,400

2. 20×2년 토지 내부거래 연결조정분개

토지 내부거래(하향)	(차) 이익잉여금	20,000	(대) 재평가잉여금	20,000

* 별도재무제표상 재평가잉여금: ₩120,000 − ₩110,000 = ₩10,000
* 연결재무제표상 재평가잉여금: ₩120,000 − ₩90,000 = ₩30,000

정답 **01** ③ **02** ④ **03** ④ **04** ③

05

	㈜대한	㈜민국	합계
보고된 당기순이익	₩200,000	₩100,000	₩300,000
내부거래제거			
재고자산 미실현손익	₩(12,000)	₩(5,000)	₩(17,000)
재고자산 실현손익	₩8,000	₩3,000	₩11,000
연결조정 후 당기순이익	₩196,000	₩98,000	₩294,000

∴ 연결당기순이익: ₩196,000 + ₩98,000 = ₩294,000
　지배기업소유주귀속 당기순이익: ₩196,000 + ₩98,000 × 80% = ₩274,400
　비지배지분귀속 당기순이익: ₩98,000 × 20% = ₩19,600

06 **1. 연결당기순이익**

	A회사	B회사	합계
보고된 당기순이익	₩250,000	₩200,000	₩450,000
내부거래제거			
재고자산 ⎰ 미실현이익	₩(8,000)		₩(8,000)
⎱ 평가손실	₩5,000		₩5,000
기계장치 ⎰ 미실현이익	₩(50,000)		₩(50,000)
｜ 실현이익(감가상각)	₩10,000		₩10,000
⎱ 실현이익(손상)	₩20,000		₩20,000
연결조정 후 당기순이익	₩227,000	₩200,000	₩427,000

∴ 연결당기순이익: ₩227,000 + ₩200,000 = ₩427,000

2. 재고자산 내부거래제거(하향판매)

①	(차) 매출	250,000	(대) 매출원가	250,000
②	(차) 매출원가	8,000	(대) 재고자산	8,000
	재고자산	5,000	매출원가	5,000

* 내부미실현이익이 ₩8,000(= ₩40,000 × 20%)이었으나 B기업이 재고자산평가손실을 ₩5,000만큼 인식함에 따라 제거해야 할 미실현이익은 ₩3,000임

3. 유형자산 내부거래제거(하향판매)

구분	내부거래가 없다고 가정한 경우		내부거래가 발생한 경우	
20×1년 초	기계장치	₩230,000	기계장치	₩250,000
	감가상각누계액	₩(30,000)		
	계	₩200,000		
감가상각비	₩200,000 ÷ 5년 =	₩40,000	₩250,000 ÷ 5년 =	₩50,000
손상차손			₩200,000 − ₩180,000 =	₩20,000
20×1년 말	기계장치	₩230,000	기계장치	₩250,000
	감가상각누계액	₩(70,000)	감가상각누계액	₩(50,000)
	계	₩160,000	손상차손누계액	₩(20,000)
			계	₩180,000

①	(차) 유형자산처분이익	50,000	(대) 기계장치	20,000
			감가상각누계액	30,000
②	(차) 감가상각누계액	10,000	(대) 감가상각비	10,000
③	(차) 손상차손누계액	20,000	(대) 유형자산손상차손	20,000

정답　05 ④　06 ①

07 1. 내부상품거래액: (₩200,000 + ₩140,000) − ₩310,000 = ₩30,000

    2. 연결재무상태표상 재고자산
      (1) 매출총이익률: ₩50,000 ÷ ₩200,000 = 25%
      (2) 미실현이익: ₩30,000 × 40% × 25% = ₩3,000
      ∴ 연결재무상태표상 재고자산: (₩30,000 + ₩25,000) − ₩3,000 = ₩52,000

08 1. 내부거래 이자수익(비용): ₩200,000 × 3% = ₩6,000

    2. 내부거래 감가상각비: (₩100,000 − ₩70,000) ÷ 10 = ₩3,000

09 1. 20×6년 비지배지분순이익

㈜제주의 보고된 당기순이익	₩100,000
기계장치 ⎰ 미실현이익	₩(18,000)
⎱ 실현이익: ₩18,000 ÷ 3년 =	₩6,000
㈜제주의 연결조정 후 당기순이익	₩88,000
× 비지배지분율	× 40%
비지배지분순이익	₩35,200

    2. 20×7년 연결포괄손익계산서상 기계처분이익

처분가액	₩23,000
장부금액: ₩75,000 × 1/5 =	₩(15,000)
계	₩8,000

10 1. 상황 1: 하향거래 내부거래 미실현손익인 경우
    비지배주주 귀속 순이익: ₩50,000 × 40% = ₩20,000

    2. 상황 2: 상향거래 내부거래 미실현손익인 경우
    비지배주주 귀속 순이익: (₩50,000 − ₩3,000) × 40% = ₩18,800

11 1. 20×1년 12월 31일 영업권을 포함한 자산총액
    ₩1,700,000 + ₩950,000 + ₩60,000 − ₩300,000 − ₩8,000 = ₩2,402,000

    2. 20×1. 12. 31. 연결조정분개
    [투자주식과 자본계정의 상계제거]

① 취득시점의 투자·자본 상계	(차) 자본금(B)	250,000	(대) 투자주식	300,000
	이익잉여금(B)[1]	150,000	비지배지분[3]	160,000
	영업권[2]	60,000		

  [1] 20×1년 초 이익잉여금: ₩210,000 − ₩60,000 = ₩150,000
  [2] 영업권: ₩300,000 − (₩250,000 + ₩150,000) × 60% = ₩60,000
  [3] 비지배지분: (₩250,000 + ₩150,000) × 40% = ₩160,000
  [내부거래제거]

② 당기 미실현손익 제거	(차) 매출	100,000	(대) 매출원가	100,000
	(차) 매출원가[1]	8,000	(대) 재고자산	8,000

  [1] ₩20,000 × 40% = ₩8,000
  [비지배지분순이익 계상]

③ 비지배지분순이익 계상	(차) 이익잉여금	24,000	(대) 비지배지분[1]	24,000

  [1] ₩60,000 × 40% = ₩24,000

12 20×2년 연결당기순이익

	㈜대한		㈜민국		합계
보고된 당기순이익	₩120,000		₩70,000		₩190,000
투자차액의 상각	–		–		–
내부거래제거					
재고자산 실현손익	₩8,000				₩8,000
토지 미실현손익			₩(15,000)		₩(15,000)
연결조정 후 당기순이익	₩128,000		₩55,000		₩183,000
∴ 연결당기순이익:	₩128,000	+	₩55,000	=	₩183,000

❊ 객관식 문제풀이에 앞서 각 장의 주요 주제별 중요도를 파악해볼 수 있습니다.
❊ 시험 대비를 위해 꼭 풀어보아야 하는 필수문제를 정리하여 효율적으로 학습할 수 있습니다.

1. 출제경향

주요 주제	중요도
1. 단계적 취득	★★★
2. 지배력획득 이후의 추가취득	★★★
3. 종속기업주식의 처분	★★★
4. 종속기업의 유상증자	★★★
5. 종속기업의 자기주식 취득	★★★
6. 복잡한 소유구조	★★★★★
7. 이연법인세와 연결재무제표	★★★★

2. 필수문제 리스트

구분		필수문제 번호
회계사	기본문제	1, 2, 3, 4, 5, 7, 9, 10
	고급문제	1, 2, 3, 4

Chapter 3

연결회계 특수주제

- 기본문제
- 고급문제
- 정답 및 해설

01 연결재무제표에 관한 설명으로 옳은 것은?

① 단계적으로 이루어지는 사업결합에서, 취득자는 이전에 보유하고 있던 피취득자에 대한 지분을 취득일의 공정가치로 재측정하고 그 결과 차손익이 있다면 당기손익으로 인식해야 한다.

② 지배력획득일 전에 발생한 지배기업과 종속기업 간의 내부거래에 따른 미실현손익은 연결조정 시 전액 제거해야 한다.

③ 지배기업이 지배력을 획득한 이후에 추가로 종속기업주식을 취득한 경우에 발생하는 투자차액은 영업권으로 인식한다.

④ 종속기업주식을 처분하여 지배력을 상실한 경우 종속기업주식의 처분금액과 장부금액의 차이는 당기손익으로 처리한다.

⑤ 지배력은 소유지분의 매각이나 종속기업이 제3자에게 새로운 소유지분을 발행한 경우에만 상실될 수 있다.

02 20×0년 1월 1일 갑사는 자본금과 이익잉여금이 각각 ₩200,000과 ₩80,000인 을사의 보통주식 10%를 ₩30,000에 취득하여 공정가치법으로 평가하였다. 을사는 20×0년도 당기순이익 ₩20,000을 보고하였으며 20×0년도 중 다른 자본거래는 없었다. 20×1년 1월 1일 갑사는 을사의 보통주식 50%를 ₩175,000에 추가 취득하여 두 회사 간에 지배·종속관계가 성립되었다. 20×0년 초와 20×1년 초 을사 자산·부채의 장부금액과 공정가치는 일치하고, 20×1년 초 현재 20×0년 초에 취득한 을사 보통주식 10%의 공정가치는 ₩35,000이다. 기업회계기준서에 따라 연결재무제표를 작성하는 경우 20×1년 말 연결재무제표상 계상될 영업권은 얼마인가?

[2002 공인회계사 1차 수정]

① ₩60,000   ② ₩50,000   ③ ₩40,000
④ ₩30,000   ⑤ ₩20,000

03 20×1년 초에 A회사는 B회사의 보통주 60%를 취득하여 지배력을 획득하였으며, 지배력 획득 이후 20×2년 초에 B회사의 보통주 20%를 추가로 취득하였다. 20×2년 말까지 영업권은 손상되지 않았으며, 비지배지분에 대한 영업권은 인식하지 않는다.

---

(1) A회사의 B회사 주식 취득내역은 다음과 같다. A회사는 B회사 주식을 원가법으로 측정한다.

주식 취득일	주식 수	공정가치
20×1년 초	60주(60%)	₩660,000
20×2년 초	20주(20%)	₩300,000

(2) 20×1년 초와 20×2년 초 및 20×2년 말의 B회사의 순자산장부금액은 다음과 같으며, 종속기업의 자산과 부채의 장부금액과 공정가치는 일치하였다.

B회사 순자산장부금액	20×1년 초	20×2년 초	20×2년 말
자본금	₩500,000	₩500,000	₩500,000
자본잉여금	₩300,000	₩300,000	₩300,000
이익잉여금	₩200,000	₩600,000	₩1,200,000
합계	₩1,000,000	₩1,400,000	₩2,000,000

(3) B회사는 20×1년과 20×2년에 각각 ₩400,000과 ₩600,000의 당기순이익을 보고하였는데, 이 기간 중 당기순이익 이외의 이익잉여금의 변동은 없다.

(4) 20×2년 말의 A회사의 순자산장부금액은 다음과 같다.

A회사 순자산장부금액	20×2년 말
자본금	₩1,000,000
자본잉여금	₩600,000
이익잉여금	₩2,400,000
합계	₩4,000,000

20×2년 말 연결재무제표 작성 시 연결재무상태표에 표시될 연결자본잉여금은 얼마인가?

① ₩560,000 ② ₩580,000 ③ ₩600,000
④ ₩900,000 ⑤ ₩920,000

04 ㈜대한은 20×1년 1월 1일 ㈜민국의 의결권 있는 보통주식 70주(지분율 70%)를 ₩210,000에 취득하여 지배력을 획득하였다. 취득일 현재 ㈜민국의 자본은 자본금 ₩200,000과 이익잉여금 ₩100,000이며, 자산과 부채의 장부금액과 공정가치는 일치하였다. ㈜대한은 ㈜민국의 주식을 원가법으로 회계처리하며, 연결재무제표 작성 시 비지배지분은 ㈜민국의 식별가능한 순자산공정가치에 비례하여 결정한다. 20×2년 1월 1일 ㈜대한은 ㈜민국의 보통주식 10주(지분율 10%)를 ₩40,000에 추가로 취득하였다. 20×1년과 20×2년에 ㈜민국이 보고한 당기순이익은 각각 ₩20,000과 ₩40,000이며, 동 기간에 이익처분은 없었다. ㈜대한이 작성하는 20×2년 말 연결재무상태표상 비지배지분은?　　　　　　　　　　[2017 공인회계사 1차]

① ₩64,000　　　　　　② ₩66,000　　　　　　③ ₩68,000
④ ₩70,000　　　　　　⑤ ₩72,000

05 ㈜갑은 20×1년 1월 1일에 ㈜을의 보통주 70%를 ₩210,000에 취득하였으며, 동 일자에 ㈜을은 ㈜병의 보통주 80%를 ₩80,000에 취득하였다. 취득일 현재 ㈜을과 ㈜병의 주주지분은 다음과 같으며, 순자산의 장부금액과 공정가치는 일치하였다.

구분	㈜을	㈜병
자본금	₩150,000	₩50,000
이익잉여금	₩100,000	₩30,000
계	₩250,000	₩80,000

20×1년 ㈜을과 ㈜병의 당기순이익은 각각 ₩26,000과 ₩5,000이며, 배당 및 기타 자본변동은 없다. ㈜갑과 ㈜을은 각각 ㈜을과 ㈜병의 투자주식을 원가법으로 회계처리하고 있으며, 비지배지분은 종속기업의 식별가능한 순자산공정가치에 비례하여 결정한다. 20×1년 말 연결재무제표상 비지배지분은 얼마인가? 단, 영업권은 손상되지 않았으며, 법인세효과는 고려하지 않는다.　　　　　　　　　　[2014 공인회계사 1차]

① ₩91,000　　　　　　② ₩98,800　　　　　　③ ₩99,800
④ ₩101,000　　　　　　⑤ ₩101,300

06 ㈜대한은 20×1년 1월 1일에 ㈜민국의 보통주 60%를 ₩200,000에 취득하여 지배력을 획득하였다. 또한 동 일자에 ㈜만세의 보통주 10%를 ₩10,000에 취득하였다. 한편 ㈜민국도 20×1년 1월 1일에 ㈜만세의 보통주 60%를 ₩60,000에 취득하여 지배력을 획득하였다. 취득일 당시 ㈜민국과 ㈜만세의 자본은 다음과 같으며, 자산과 부채의 장부금액과 공정가치는 일치하였다.

구분	㈜민국	㈜만세
자본금	₩150,000	₩50,000
이익잉여금	₩100,000	₩30,000

㈜민국과 ㈜만세의 20×1년도 별도(개별)재무제표상 당기순이익은 각각 ₩17,000과 ₩5,000이며, 배당 및 기타 자본변동은 없다. ㈜대한은 별도재무제표에서 ㈜민국과 ㈜만세의 투자주식을 원가법으로 회계처리하며, ㈜민국도 별도재무제표에서 ㈜만세의 투자주식을 원가법으로 회계처리하고 있다. ㈜대한이 작성하는 20×1년 말 연결재무상태표에 표시되는 비지배지분은 얼마인가? 단, 비지배지분은 종속기업의 식별가능한 순자산공정가치에 비례하여 결정한다.

[2018 공인회계사 1차]

① ₩108,000 ② ₩132,300 ③ ₩133,500
④ ₩183,300 ⑤ ₩184,500

07 20×1년 1월 1일 A회사는 B회사의 보통주 80%와 C회사의 보통주 20%를 각각 ₩860,000과 ₩180,000에 취득하였으며, B회사도 C회사의 보통주 40%를 ₩340,000에 취득하였다. 관련 자료는 다음과 같다.

---

(1) 20×1년 1월 1일 A회사, B회사 및 C회사의 주주지분은 다음과 같으며 B회사 및 C회사의 순자산장부금액과 공정가치는 일치하였다.

구분	A회사	B회사	C회사
자본금	₩1,000,000	₩750,000	₩500,000
이익잉여금	₩500,000	₩250,000	₩250,000
계	₩1,500,000	₩1,000,000	₩750,000
당기순이익	₩250,000	₩200,000	₩100,000

(2) 연결실체 간 내부거래는 다음과 같다.
- 20×1년 중에 B회사는 C회사에 ₩250,000의 상품을 판매하였으며 20×1년 말 C회사의 기말재고자산에 남아 있는 B회사의 상품은 ₩75,000이었다. B회사의 매출총이익률은 20%이다.
- 20×1년 중에 C회사는 B회사에 ₩100,000의 상품을 판매하였으며 20×1년 말 B회사의 기말재고자산에 남아 있는 C회사의 상품은 ₩40,000이었다. C회사의 매출총이익률은 20%이다.

20×1년의 연결당기순이익 중 지배기업소유주 귀속분과 비지배지분순이익은 각각 얼마인가?

	지배기업소유주 귀속분	비지배지분순이익
①	₩445,840	₩81,160
②	₩445,840	₩82,600
③	₩445,840	₩89,760
④	₩460,250	₩94,840
⑤	₩460,250	₩99,760

08 ㈜갑은 20×1년 말과 20×2년 말 현재 ㈜을의 의결권 있는 보통주식 60%를 보유하고 있다. 20×1년과 20×2년에 ㈜갑과 ㈜을 사이에 발생한 거래는 다음과 같다.

---

(1) 20×1년 중 ㈜을은 ㈜갑에게 장부금액 ₩100,000인 상품을 ₩150,000에 판매하였다. ㈜갑은 20×1년 중에 이 상품의 40%를 외부로 판매하였으며 나머지는 20×2년에 외부로 판매하였다.

(2) 20×2년 중 ㈜갑은 ㈜을에게 장부금액 ₩60,000인 상품을 ₩80,000에 판매하였으며, ㈜을은 20×2년 말 현재 이 상품의 50%를 보유하고 있다.

㈜갑은 ㈜을의 주식을 원가법으로 회계처리하고 있으며, 양사의 법인세율은 30%이다. 내부거래·미실현손익을 제거하기 위한 연결제거분개가 20×1년과 20×2년의 지배기업소유주지분 당기순이익에 미치는 영향은 얼마인가? [2012 공인회계사 1차]

	20×1년	20×2년
①	₩12,600 감소	₩8,400 증가
②	₩12,600 감소	₩5,600 증가
③	₩18,000 감소	₩8,000 증가
④	₩18,000 감소	₩12,000 증가
⑤	₩21,000 감소	₩14,000 증가

제조업을 영위하는 ㈜대한은 20×1년 1월 1일 ㈜민국의 보통주식 80%를 ₩270,000에 취득하여 지배력을 획득하였다. 지배력 획득일 현재 ㈜민국의 순자산장부금액은 ₩200,000(자본금 ₩100,000, 이익잉여금 ₩100,000)이다.

<추가자료>

(1) 지배력 획득일 현재 ㈜민국의 자산과 부채 중 장부금액과 공정가치가 다른 자산은 건물로서 차이내역은 다음과 같다.

구분	장부금액	공정가치
건물	₩150,000	₩200,000

위 건물은 원가모형에 따라 회계처리되며, 지배력 획득일 현재 잔존내용연수는 10년이고 잔존가치 없이 정액법으로 감가상각한다.

(2) 20×1년 중에 ㈜민국은 원가 ₩20,000의 상품을 ㈜대한에게 ₩30,000에 판매하였다. ㈜대한은 이 재고자산 중 80%를 20×1년에 외부로 판매하고, 나머지 20%는 20×1년 말 현재 재고자산으로 보유하고 있다.

(3) ㈜민국은 20×1년 당기순이익으로 ₩20,000을 보고하였다.

(4) ㈜대한은 별도재무제표상 ㈜민국 주식을 원가법으로 회계처리하고 있으며, 연결재무제표 작성 시 비지배지분은 종속기업의 식별가능한 순자산공정가치에 비례하여 결정한다.

09 ㈜대한의 20×1년 말 연결재무제표에 계상되는 영업권과 비지배지분 귀속 당기순이익은 각각 얼마인가? 단, 영업권 손상 여부는 고려하지 않는다.

	영업권	비지배지분 귀속 당기순이익
①	₩70,000	₩2,600
②	₩70,000	₩3,600
③	₩80,000	₩4,000
④	₩60,000	₩2,600
⑤	₩60,000	₩3,600

10 ㈜대한과 ㈜민국에 적용되는 법인세율은 모두 25%이며, 이는 당분간 유지될 전망이다. 이러한 법인세효과를 추가적으로 고려하는 경우, 지배력획득일에 작성되는 ㈜대한의 연결재무상태표에 계상되는 영업권은 얼마인가?

① ₩57,500   ② ₩70,000   ③ ₩72,500

④ ₩80,000   ⑤ ₩82,500

※ 다음 <자료>를 이용하여 **11 ~ 12**에 답하시오.

[2023 공인회계사 1차]

<자료>

- ㈜대한은 20×1년 초에 ㈜민국의 보통주 75%를 ₩150,000에 취득하여 지배력을 획득하였다. 지배력 획득일 현재 ㈜민국의 순자산 장부금액은 ₩150,000(자본금 ₩100,000, 이익잉여금 ₩50,000)이다.
- 지배력 획득일 현재 ㈜민국의 식별가능한 자산과 부채 중 장부금액과 공정가치가 다른 내역은 다음과 같다.

구분	장부금액	공정가치	추가정보
토지	₩50,000	₩80,000	원가모형 적용

- 20×1년 중에 ㈜민국은 원가 ₩10,000의 재고자산(제품)을 ㈜대한에게 ₩20,000에 판매하였다. ㈜대한은 이 재고자산의 50%를 20×1년 중에 외부로 판매하고, 나머지 50%는 20×1년 말 현재 재고자산으로 보유하고 있다.
- ㈜민국이 보고한 20×1년도 당기순이익은 ₩30,000이다.
- ㈜대한은 별도재무제표에서 ㈜민국에 대한 투자주식을 원가법으로 회계처리하고 있으며, 연결재무제표 작성 시 비지배지분은 종속기업의 식별가능한 순자산공정가치에 비례하여 결정한다.
- ㈜대한과 ㈜민국에 적용되는 법인세율은 모두 20%이며, 이는 당분간 유지될 전망이다.

11 법인세효과를 고려하는 경우, ㈜대한이 지배력 획득일에 인식할 영업권은 얼마인가?

① ₩10,500　　　　② ₩15,000　　　　③ ₩19,500

④ ₩32,000　　　　⑤ ₩43,500

12 법인세효과를 고려하는 경우, ㈜대한의 20×1년 말 연결포괄손익계산서에 표시되는 비지배지분 귀속당기순이익은 얼마인가? 단, 영업권 손상 여부는 고려하지 않는다.

① ₩6,000　　　　② ₩6,500　　　　③ ₩7,000

④ ₩8,000　　　　⑤ ₩8,500

01 ㈜대한은 20×1년 초에 ㈜민국의 보통주 80주(80%)를 ₩240,000에 취득하여 지배력을 획득하였다. 취득일 현재 ㈜민국의 순자산은 자본금 ₩150,000과 이익잉여금 ₩100,000이며, 식별가능한 자산과 부채의 장부금액과 공정가치는 일치하였다. 취득일 이후 20×2년까지 ㈜대한과 ㈜민국이 별도(개별)재무제표에 보고한 순자산변동(당기순이익)은 다음과 같으며, 이들 기업 간에 발생한 내부거래는 없다.

구분	20×1년	20×2년
㈜대한	₩80,000	₩120,000
㈜민국	₩20,000	₩30,000

20×3년 1월 1일에 ㈜대한은 보유중이던 ㈜민국의 보통주 50주(50%)를 ₩200,000에 처분하여 ㈜민국에 대한 지배력을 상실하였다. 남아있는 ㈜민국의 보통주 30주(30%)의 공정가치는 ₩120,000이며, ㈜대한은 이를 관계기업투자주식으로 분류하였다. ㈜민국에 대한 지배력 상실 시점의 회계처리가 ㈜대한의 20×3년도 연결당기순이익에 미치는 영향은 얼마인가? 단, 20×3년 말 현재 ㈜대한은 다른 종속기업을 지배하고 있어 연결재무제표를 작성한다.

[2022 공인회계사 1차]

① ₩10,000 감소 ② ₩10,000 증가 ③ ₩40,000 증가
④ ₩50,000 증가 ⑤ ₩80,000 증가

02 20×1년 초에 A회사는 B회사의 발행주식 80%(80주)를 ₩1,000,000에 취득하여 지배력을 획득하였다.

> (1) 취득 시 B회사의 주주지분은 ₩1,000,000(자본금 ₩500,000, 이익잉여금 ₩500,000)이며, 자산·부채의 장부금액과 공정가치는 일치하였다.
> (2) B회사는 20×1년에 ₩200,000의 당기순이익을 보고하였다. 20×2년 초에 B회사는 100주를 주당 ₩10,000(액면금액 ₩5,000)에 추가발행하였다.
> (3) B회사는 20×2년에 ₩100,000의 당기순이익을 보고하였으며, 20×1년과 20×2년의 이익처분은 없었다.
> (4) A회사는 별도재무제표상 종속기업투자주식을 원가법으로 회계처리하였다.
> (5) 20×2년 말까지 영업권은 손상되지 않았으며, 비지배지분에 대한 영업권은 인식하지 않는다.

20×2년 초 B회사의 유상증자 시 A회사가 90주를 ₩900,000에 추가매입한 경우 20×2년 말 연결재무상태표상 비지배지분은 얼마인가?

① ₩345,000 ② ₩355,000 ③ ₩365,000
④ ₩375,000 ⑤ ₩385,000

※ 다음은 **03 ~ 04**에 관련된 자료이다.

20×1년 1월 1일 ㈜대한은 ㈜민국 발행주식의 60%(60주)를 ₩300,000에 취득하여 지배력을 획득하였다. 동 일자 현재 ㈜대한과 ㈜민국의 자본계정은 다음과 같으며, 자산과 부채의 장부금액과 공정가치는 일치하였다.

구분	㈜대한	㈜민국
자본금	₩400,000	₩100,000
자본잉여금	₩300,000	₩250,000
이익잉여금	₩250,000	₩50,000
자본총계	₩950,000	₩400,000

(1) ㈜대한은 ㈜민국의 투자주식을 원가법으로 회계처리하고 있으며, 종속기업에 대한 비지배지분을 종속기업의 식별가능한 순자산공정가치에 비례하여 결정한다.

(2) ㈜대한과 ㈜민국의 20×1년 당기순이익은 각각 ₩100,000과 ₩30,000이다. 20×1년 당기순이익에 따른 이익잉여금 증가 이외의 자본변동은 없다.

(3) 20×1년 중 ㈜대한은 ㈜민국에 상품을 ₩100,000에 판매하였는데, 동 상품 중 40%가 ㈜민국의 기말재고로 남아 있다. 또한, ㈜민국은 ㈜대한에 상품을 ₩50,000에 판매하였는데, 동 상품은 모두 20×1년 중에 외부에 판매되었다. ㈜대한과 ㈜민국의 매출총이익률은 모두 20%이며, 판매된 상품은 매출 다음 연도까지는 모두 외부에 판매된다.

03 20×1년 말 ㈜대한의 연결재무상태표에 보고되는 비지배지분을 계산하시오.

① ₩172,000   ② ₩182,000   ③ ₩192,000
④ ₩202,000   ⑤ ₩212,000

04 20×2년 1월 1일 ㈜민국은 비지배주주로부터 자기주식 20주를 ₩80,000에 취득하였다. 20×1년 12월 31일 현재, ㈜민국의 자본계정은 자본금 ₩100,000, 자본잉여금 ₩250,000, 이익잉여금 ₩80,000으로 구성되어 있다. 20×2년 1월 1일 자기주식 취득 후 작성되는 연결재무상태표에 보고되는 비지배지분 장부금액을 계산하시오.

① ₩57,000   ② ₩67,500   ③ ₩77,500
④ ₩87,500   ⑤ ₩97,500

05 ㈜대한은 20×1년 1월 1일 ㈜민국의 보통주 80%를 ₩450,000에 취득하여 지배력을 획득하였으며, 동 일자에 ㈜민국은 ㈜만세의 주식 60%를 ₩200,000에 취득하여 지배력을 획득하였다. 지배력 획득시점에 ㈜민국과 ㈜만세의 순자산공정가치와 장부금액은 동일하다. 다음은 지배력 획득시점 이후 20×1년 말까지 회사별 순자산 변동내역이다.

구분	㈜대한	㈜민국	㈜만세
20×1. 1. 1.	₩800,000	₩420,000	₩300,000
별도(개별)재무제표상 당기순이익	₩100,000	₩80,000	₩50,000
20×1. 12. 31.	₩900,000	₩500,000	₩350,000

20×1년 7월 1일 ㈜대한은 ㈜민국에게 장부금액 ₩150,000인 기계장치를 ₩170,000에 매각하였다. 매각시점에 기계장치의 잔존내용연수는 5년, 정액법으로 상각하며 잔존가치는 없다. 20×1년 중 ㈜민국이 ㈜만세에게 판매한 재고자산 매출액은 ₩100,000(매출총이익률은 30%)이다. 20×1년 말 현재 ㈜만세는 ㈜민국으로부터 매입한 재고자산 중 40%를 보유하고 있다. ㈜대한과 ㈜민국은 종속회사 투자주식을 별도재무제표상 원가법으로 표시하고 있다. ㈜대한의 20×1년도 연결포괄손익계산서에 표시되는 비지배지분귀속 당기순이익은 얼마인가? 단, 연결재무제표 작성 시 비지배지분은 종속기업의 식별가능한 순자산공정가치에 비례하여 결정한다.

[2019 공인회계사 1차]

① ₩19,600　　② ₩20,000　　③ ₩38,600
④ ₩39,600　　⑤ ₩49,600

06 ㈜지배는 20×1년 초 ㈜종속의 의결권 있는 보통주 800주(총발행주식의 80%)를 취득하여 지배력을 획득하였다. 지배력획득일 현재 ㈜종속의 순자산 장부금액은 ₩250,000이며, 순자산 공정가치와 장부금액은 동일하다. ㈜종속의 20×1년과 20×2년의 당기순이익은 각각 ₩100,000과 ₩150,000이다. ㈜종속은 20×2년 1월 1일에 200주를 유상증자(주당 발행가액 ₩1,000, 주당 액면가액 ₩500)하였으며, 이 중 100주를 ㈜지배가 인수하였다. ㈜지배는 별도재무제표상 ㈜종속 주식을 원가법으로 회계처리하고 있으며, 비지배지분은 종속기업의 식별가능한 순자산공정가치에 비례하여 결정한다. 20×2년 말 ㈜지배의 연결재무상태표에 표시되는 비지배지분은 얼마인가?

[2020 공인회계사 1차]

① ₩100,000　　② ₩112,500　　③ ₩125,000
④ ₩140,000　　⑤ ₩175,000

01 ① 단계적으로 이루어지는 사업결합에서, 취득자는 이전에 보유하고 있던 피취득자에 대한 지분을 취득일의 공정가치로 재측정하고 그 결과 차손익이 있다면 당기손익 또는 기타포괄손익으로 인식해야 한다.
   ② 연결실체가 성립되기 전, 즉 지배력획득 전의 내부거래에 따른 미실현손익은 연결조정 시에 제거하지 않는다. 왜냐하면, 그러한 내부거래는 상호 관련이 없는 두 회사 간의 독립된 객관적인 거래로 간주되기 때문이다.
   ③ 지배기업이 소유한 종속기업 지분이 변동되더라도 지배기업이 종속기업에 대한 지배력을 상실하지 않는다면, 그것은 자본거래(즉, 소유주로서 자격을 행사하는 소유주와의 거래)이다. 따라서 지배력을 획득한 이후에 추가로 종속기업 지분을 취득한 경우 발생하는 투자차액은 연결자본잉여금으로 조정한다.
   ⑤ 지배력은 소유지분의 매각이나 종속기업이 제3자에게 새로운 소유지분을 발행하여 상실될 수도 있지만 소유지분이 변동하지 않더라도 종속기업에 대한 지배력을 상실할 수 있다. 그 예로서 종속기업이 정부, 법원, 관재인 또는 감독기구의 통제를 받게 되는 경우를 들 수 있다.

02 | | | |
|---|---|---|
| 20×1년 초 투자주식의 공정가치: ₩35,000 + ₩175,000 = | | ₩210,000 |
| 20×1년 초 을사 순자산공정가치: (₩280,000 + ₩20,000) × 60% = | | ₩(180,000) |
| 영업권 | | ₩30,000 |

03 **1. 영업권**

(1) 취득일의 종속기업 지분의 공정가치		₩660,000
(2) 취득일의 종속기업 순자산공정가치에 대한 지배기업지분: ₩1,000,000 × 60% =		₩(600,000)
(3) 영업권		₩60,000

2. 추가 취득 시 투자차액(연결자본잉여금)

(1) 추가 취득일의 종속기업 지분의 공정가치		₩300,000
(2) 추가 취득일의 종속기업 순자산공정가치에 대한 추가취득 지분: ₩1,400,000 × 20% =		₩(280,000)
(3) 연결자본잉여금		₩20,000

3. 20×2. 12. 31. 연결조정분개
[투자주식과 자본계정의 상계제거]

① 취득시점의 투자 · 자본 상계	(차) 자본금(B)	500,000	(대) 투자주식	660,000
	자본잉여금(B)	300,000	비지배지분[3]	400,000
	이익잉여금(B)[1]	200,000		
	영업권[2]	60,000		

[1] 20×1년 초 이익잉여금
[2] 영업권: ₩660,000 − ₩1,000,000 × 60% = ₩60,000
[3] 비지배지분: ₩1,000,000 × 40% = ₩400,000

② 취득시점 이후 자본변동	(차) 이익잉여금(B)[1]	400,000	(대) 이익잉여금(A)[2]	240,000
			비지배지분[3]	160,000

[1] 20×1년 이익잉여금의 증가분(당기순이익)
[2] ₩400,000 × 60% = ₩240,000
[3] ₩400,000 × 40% = ₩160,000

③ 추가취득 지분의 투자차액	(차) 비지배지분[1]	280,000	(대) 투자주식	300,000
	자본잉여금[2]	20,000		

[1] ₩1,400,000 × 20% = ₩280,000
[2] ₩300,000 − ₩1,400,000 × 20% = ₩20,000

[비지배지분순이익 계상]

④ 비지배지분순이익 계상	(차) 이익잉여금	120,000	(대) 비지배지분[1]	120,000

[1] ₩600,000 × 20% = ₩120,000

정답 01 ④ 02 ④ 03 ②

4. 20×2년 말 연결자본잉여금: ₩600,000 + ₩300,000 − ₩300,000 − ₩20,000 = ₩580,000

04 비지배지분: (₩300,000 + ₩20,000 + ₩40,000) × 20% = ₩72,000

05 1. ㈜병의 비지배지분

㈜병의 순자산공정가치: ₩80,000 + ₩5,000 =	₩85,000
비지배지분율	× 20%
계	₩17,000

2. ㈜을의 비지배지분

㈜을의 순자산공정가치: ₩250,000 + ₩26,000 =	₩276,000
㈜병의 당기순이익 중 ㈜을 지분: ₩5,000 × 80% =	₩4,000
계	₩280,000
비지배지분율	× 30%
계	₩84,000

3. 연결재무제표상 비지배지분: ₩17,000 + ₩84,000 = ₩101,000

06 1. ㈜만세의 비지배지분

㈜만세의 순자산공정가치: ₩80,000 + ₩5,000 =	₩85,000
비지배지분율	× 30%
계	₩25,500

2. ㈜민국의 비지배지분

㈜민국의 순자산공정가치: ₩250,000 + ₩17,000 =	₩267,000
㈜만세의 당기순이익 중 ㈜민국 지분: ₩5,000 × 60% =	₩3,000
계	₩270,000
비지배지분율	× 40%
계	₩108,000

3. 연결재무제표상 비지배지분: ₩25,500 + ₩108,000 = ₩133,500

07

	A회사		B회사		C회사		합계
보고된 당기순이익	₩250,000		₩200,000		₩100,000		₩550,000
내부거래제거							
재고자산			₩(15,000)		₩(8,000)		₩(23,000)
연결조정 후 당기순이익	₩250,000		₩185,000		₩92,000		₩527,000
∴ 연결당기순이익:	₩250,000	+	₩185,000	+	₩92,000	=	₩527,000
지배기업소유주 귀속:	₩250,000	+	₩148,000[1]	+	₩47,840[3]	=	₩445,840
비지배지분순이익(B):			₩37,000[2]	+	₩7,360[4]	=	₩44,360
비지배지분순이익(C):					₩36,800[5]	=	₩36,800

[1] ₩185,000 × 80% = ₩148,000
[2] ₩185,000 × 20% = ₩37,000
[3] ₩92,000 × (80% × 40% + 20%) = ₩47,840
[4] ₩92,000 × 20% × 40% = ₩7,360
[5] ₩92,000 × 40% = ₩36,800

별해

1. 연결당기순이익 중 지배기업소유주 귀속분

A = ₩250,000 + B × 80% + C × 20%, B = ₩185,000 + C × 40%, C = ₩92,000

앞의 식을 풀면, A = ₩445,840 B = ₩221,800 C = ₩92,000

∴ 연결당기순이익 중 지배기업소유주 귀속분: ₩445,840

2. 연결당기순이익 중 비지배지분 귀속분(비지배지분순이익)

B회사 비지배지분순이익: ₩221,800 × 20% =	₩44,360	
C회사 비지배지분순이익: ₩92,000 × 40% =	₩36,800	
계	₩81,160	

또는 연결당기순이익 − 지배기업소유주귀속당기순이익: ₩527,000 − ₩445,840 = ₩81,160

08 1. 20×1년 지배기업소유주지분의 손익효과

당기발생 재고자산 미실현이익 제거: (₩150,000 − ₩100,000) × 60%[1] × (1 − 0.4) × (1 − 0.3) = ₩12,600 감소

[1] 상향거래이므로 내부미실현이익 중 지배기업지분율만큼만 지배기업에 부담시킨다.

2. 20×2년 지배기업소유주지분의 손익효과

(1) 전기 재고자산 미실현이익의 당기실현 인식: ₩12,600 증가

(2) 당기발생 재고자산 미실현이익 제거: (₩80,000 − ₩60,000)[1] × (1 − 0.5) × (1 − 0.3) = ₩7,000 감소

[1] 하향거래이므로 내부미실현이익을 전액 지배기업에 부담시킨다.

∴ 20×2년 지배기업소유주지분의 손익효과: ₩12,600 − ₩7,000 = ₩5,600 증가

09 1. 영업권

투자주식의 취득원가		₩270,000
㈜민국의 순자산공정가치		
순자산장부금액	₩200,000	
투자차액(건물)	₩50,000	
계	₩250,000	
지배기업지분율	× 80%	₩(200,000)
영업권		₩70,000

2. 비지배지분 귀속 당기순이익

㈜민국의 보고된 당기순이익	₩20,000
투자차액상각(건물)	₩(5,000)
재고자산 미실현이익	₩(2,000)
㈜민국의 연결조정 후 당기순이익	₩13,000
비지배지분율	× 20%
비지배지분순이익	₩2,600

10

㈜민국 투자주식의 취득원가		₩270,000
㈜민국의 순자산장부금액	₩200,000	
건물 과소평가	₩50,000	
투자차액에 대한 이연법인세부채: ₩50,000 × 25% =	₩(12,500)	
㈜민국의 순자산공정가치	₩237,500	
지배기업지분율	× 80%	₩(190,000)
영업권		₩80,000

11 ㈜민국 투자주식의 취득원가   ₩150,000

    ㈜민국의 순자산장부금액   ₩150,000

      건물 과소평가   ₩30,000

      투자차액에 대한 이연법인세부채: ₩30,000 × 20%=   ₩(6,000)

    ㈜민국의 순자산공정가치   ₩174,000

      지배기업지분율   × 75%   ₩(130,500)

    영업권   ₩19,500

12 ㈜민국의 보고된 당기순이익   ₩30,000

    재고자산 미실현손익: ₩10,000 × 50% × (1 − 20%) =   ₩(4,000)

    ㈜민국의 연결조정 후 당기순이익   ₩26,000

      비지배지분율   × 25%

      비지배지분순이익   ₩6,500

01 1. 20×3년 초의 별도재무제표상 회계처리

20×3년 초	(차) 현금	200,000	(대) 투자주식[1]		240,000
	관계기업투자[2]	120,000	이익잉여금(A)[3]		40,000
			금융자산처분이익[4]		40,000

[1] 별도재무제표상 원가법으로 측정한 투자주식 중 처분된 50주는 제거되어야 하며, 지배력 상실 후 보유주식 30주도 관계기업투자주식으로 재분류해야하므로 투자주식의 취득원가 ₩240,000을 모두 제거함
[2] 관계기업투자주식을 공정가치인 ₩120,000으로 측정함
[3] (₩20,000 + ₩30,000) × 80% = ₩40,000(투자주식 취득 이후에 증가한 ㈜민국의 이익잉여금(당기순이익) 중 ㈜대한 지분 해당액을 이익잉여금으로 인식함)
[4] 대차차액을 금융자산처분손익으로 인식함

2. ㈜대한의 20×3년도 연결당기순이익에 미치는 영향: ₩40,000 증가

02 1. 유상증자 후 지분율의 계산: (90주 + 80주) ÷ (100주 + 100주) = 85%

2. 투자차액의 산정
   (1) 20×1년 초 발생분: ₩1,000,000 − ₩1,000,000 × 80% = ₩200,000(영업권)
   (2) 20×2년 초 발생분

종속기업주식의 취득원가: 90주 × ₩10,000 =		₩900,000
B회사의 순자산공정가치		
유상증자 후 지배기업지분		
(₩1,000,000 + ₩200,000 + 100주 × ₩10,000) × 85% =	₩1,870,000	
유상증자 전 지배기업지분		
(₩1,000,000 + ₩200,000) × 80% =	₩(960,000)	₩(910,000)
투자차액(연결자본잉여금)		₩(10,000)

3. 20×2년 말 연결조정분개
   [투자주식과 자본계정의 상계제거]

① 취득시점의 투자·자본 상계	(차) 자본금(B)	500,000	(대) 투자주식		1,000,000
	이익잉여금(B)[1]	500,000	비지배지분[3]		200,000
	영업권[2]	200,000			

[1] 20×1년 초 이익잉여금
[2] 영업권: ₩1,000,000 − ₩1,000,000 × 80% = ₩200,000
[3] 비지배지분: ₩1,000,000 × 20% = ₩200,000

② 취득시점 이후 자본변동	(차) 이익잉여금(B)[1]	200,000	(대) 이익잉여금(A)[2]		160,000
			비지배지분[3]		40,000

[1] 20×1년 이익잉여금의 증가분(당기순이익)
[2] ₩200,000 × 80% = ₩160,000
[3] ₩200,000 × 20% = ₩40,000

③ 종속기업의 유상증자 조정	(차) 자본금(B)[1]	500,000	(대) 투자주식		900,000
	자본잉여금(B)[2]	500,000	비지배지분[3]		90,000
			자본잉여금(투자차액)		10,000

[1] ₩5,000 × 100주 = ₩500,000
[2] (₩10,000 − ₩5,000) × 100주 = ₩500,000
[3] ₩2,200,000 × 15% − ₩1,200,000 × 20% = ₩90,000

[비지배지분순이익 계상]

④ 비지배지분순이익 계상	(차) 이익잉여금	15,000	(대) 비지배지분[1]		15,000

[1] ₩100,000 × 15% = ₩15,000

정답 01 ③ 02 ①

4. 20×2년 말 비지배지분
   (1) 20×2년 말 B회사 순자산장부금액: ₩1,000,000 + ₩200,000 + ₩100,000 + ₩1,000,000 =   ₩2,300,000
       20×2년 말 투자차액 미상각잔액   –
       20×2년 말 내부거래 상향 미실현손익 잔액   –
   (2) 20×2년 말 B회사 순자산공정가치   ₩2,300,000
   (3) 비지배지분율   × 15%
   (4) 20×2년 말 비지배지분   ₩345,000

03 1. 비지배지분: (₩400,000 + ₩30,000) × 40% = ₩172,000

2. 20×1. 12. 31. 연결조정분개
   [투자주식과 자본계정의 상계제거]

① 취득시점의 투자 · 자본 상계	(차) 자본금	100,000	(대) 투자주식	300,000
	자본잉여금	250,000	비지배지분	160,000
	이익잉여금	50,000		
	영업권	60,000		

[내부거래제거]

② 당기 미실현손익 제거(하향)	(차) 매출	100,000	(대) 매출원가	100,000
	(차) 매출원가[1]	8,000	(대) 재고자산	8,000

[1] ₩100,000 × 40% × 20% = ₩8,000(하향거래)

③ 당기 미실현손익 제거(상향)	(차) 매출	50,000	(대) 매출원가	50,000

[비지배지분순이익 계상]

④ 비지배지분순이익 계상	(차) 이익잉여금	12,000	(대) 비지배지분[1]	12,000

[1] ₩30,000 × 40% = ₩12,000

04 1. 자기주식 취득 후 지분율: 60주/(100주 − 20주) = 75%

2. 자기주식 취득 후 비지배지분: (₩100,000 + ₩250,000 + ₩80,000 − ₩80,000) × 25% = ₩87,500

3. 20×2. 1. 1. 연결조정분개
   [투자주식과 자본계정의 상계제거]

① 취득시점의 투자 · 자본 상계	(차) 자본금	100,000	(대) 투자주식	300,000
	자본잉여금	250,000	비지배지분	160,000
	이익잉여금	50,000		
	영업권	60,000		

② 취득시점 이후 자본변동	(차) 이익잉여금	30,000	(대) 이익잉여금	18,000
			비지배지분	12,000

③ 종속기업 자기주식 취득 조정	(차) 비지배지분[1]	84,500	(대) 자기주식	80,000
			자본잉여금	4,500

[1] ₩430,000 × 40% − ₩350,000 × 25% = ₩84,500

[내부거래제거]

④ 전기 미실현손익의 제거	(차) 이익잉여금[1]	8,000	(대) 재고자산	8,000

[1] ₩100,000 × 40% × 20% = ₩8,000(하향거래)

05 1. 연결당기순이익

	㈜대한		㈜민국		㈜만세		합계
보고된 당기순이익	₩100,000		₩80,000		₩50,000		₩230,000
내부거래제거							
기계장치	₩(18,000)						₩(18,000)
재고자산			₩(12,000)				₩(12,000)
연결조정 후 당기순이익	₩82,000		₩68,000		₩50,000		₩200,000
∴ 연결당기순이익:	₩82,000	+	₩68,000	+	₩50,000	=	₩200,000
지배기업소유주 귀속:	₩82,000	+	₩54,400[1]	+	₩24,000[3]	=	₩160,400
비지배지분순이익(㈜민국):			₩13,600[2]	+	₩6,000[4]	=	₩19,600
비지배지분순이익(㈜만세):					₩20,000[5]	=	₩20,000

[1] ₩68,000 × 80% = ₩54,400
[2] ₩68,000 × 20% = ₩13,600
[3] ₩50,000 × 80% × 60% = ₩24,000
[4] ₩50,000 × 20% × 60% = ₩6,000
[5] ₩50,000 × 40% = ₩20,000

2. 비지배지분순이익: ₩19,600 + ₩20,000 = ₩39,600
또는, 연결당기순이익 − 지배기업소유주 귀속 당기순이익: ₩200,000 − ₩160,400 = ₩39,600

06 1. 유상증자 후 지분율의 계산: (800주 + 100주) ÷ (1,000주 + 200주) = 75%

2. 20×2년 말 비지배지분

(1) 20×2년 말 ㈜종속 순자산장부금액: ₩250,000 + ₩100,000 + ₩150,000 + ₩200,000 =	₩700,000
20×2년 말 투자차액 미상각잔액	–
20×2년 말 내부거래 상향 미실현손익 잔액	–
(2) 20×2년 말 ㈜종속 순자산공정가치	₩700,000
(3) 비지배지분율	× 25%
(4) 20×2년 말 비지배지분	₩175,000

cpa.Hackers.com

✵ 객관식 문제풀이에 앞서 각 장의 주요 주제별 중요도를 파악해볼 수 있습니다.
✵ 시험 대비를 위해 꼭 풀어보아야 하는 필수문제를 정리하여 효율적으로 학습할 수 있습니다.

1. 출제경향

주요 주제	중요도
1. 이론형 문제	★★★★★
2. 관계기업투자 일반형 문제	★★★★★
3. 관계기업 지분과의 교환으로 비화폐성자산을 출자하는 경우	★★
4. 단계적 취득	★★
5. 지분법 적용의 중지와 재개	★★
6. 관계기업투자의 처분	★★★
7. 관계기업투자의 손상	★★★
8. 관계기업투자를 매각예정으로 분류	★★

2. 필수문제 리스트

구분		필수문제 번호
회계사	기본문제	1, 2, 3, 4, 5, 6, 7, 8, 9, 10, 11, 12, 13, 14, 15, 16, 17, 20
	고급문제	1, 2, 4, 5, 6

Chapter 4
관계기업투자와 공동약정

■ 기본문제

■ 고급문제

■ 정답 및 해설

01 다음 중 '관계기업투자'에 관한 내용으로 옳지 않은 것은? [2010 세무사 1차 수정]

① 관계기업이란 투자자가 당해 기업에 대하여 유의적인 영향력이 있는 기업을 말한다.

② 유의적인 영향력은 절대적이거나 상대적인 소유지분율의 변동에 따라 또는 소유지분율이 변동하지 않더라도 상실할 수 있다.

③ 종속기업이나 공동기업투자지분은 경우에 따라 관계기업일 수도 있다.

④ 별도재무제표는 기업이 종속기업, 공동기업 및 관계기업에 대한 투자를 원가법, K-IFRS 제1109호 '금융상품'에 따른 방법, K-IFRS 제1028호 '관계기업과 공동기업에 대한 투자'에서 규정하고 있는 지분법 중 어느 하나를 적용하여 표시한 재무제표를 말한다.

⑤ 투자자가 직접 또는 간접적으로 피투자자에 대한 의결권의 지분 20% 미만을 소유하고 있더라도 유의적인 영향력이 있을 수 있다.

02 '관계기업투자'에 관한 설명으로 옳지 않은 것은? [2011 세무사 1차 수정]

① 관계기업이란 투자자가 당해 기업에 대하여 유의적인 영향력이 있는 기업을 의미한다.

② 지분법 적용 시 투자자의 지분이 '0(영)'으로 감소된 이후 추가손실분에 대하여 투자자가 법적의무 또는 의제의무가 있거나 관계기업을 대신하여 지급하여야 하는 경우, 그 금액까지만 손실과 부채로 인식한다.

③ 별도재무제표는 기업이 종속기업, 공동기업 및 관계기업에 대한 투자를 원가법, K-IFRS 제1109호 금융상품에 따른 방법, K-IFRS 제1028호 '관계기업과 공동기업에 대한 투자'에서 규정하고 있는 지분법 중 어느 하나를 적용하여 표시한 재무제표를 말한다.

④ 지분법 적용 시 잠재적 의결권이 있는 경우, 피투자자의 당기순손익과 자본변동 중 투자자의 지분은 현재 소유하고 있는 지분율과 잠재적 의결권의 행사가능성이나 전환가능성을 반영하여 산정한다.

⑤ 투자자 A 외의 다른 투자자 B가 해당 피투자자 C의 주식을 과반수 이상 소유하고 있다고 하여도 투자자 A가 피투자자 C에 대하여 유의적인 영향력이 있다는 것을 배제할 필요는 없다.

※ 다음의 자료를 이용하여 **03 ~ 04**에 답하시오. [2010 공인회계사 1차 수정]

㈜한국은 20×1년 아래 자료에서 제시하는 주식을 모두 취득하였다.

(가) 음식점 운영을 주업으로 하는 ㈜한식의 지분 20%

: ㈜한식의 나머지 지분 80%를 보유한 주주들은 서로 특수관계가 없고, 지배력의 획득 목적이 없으며, 단순 배당투자만을 목적으로 한다. 이 주주들은 ㈜한국에게 의결권을 위임한다. ㈜한국은 주식 취득 직후 ㈜한식의 이사회 구성원 전원을 임명하였고, ㈜한식의 재무정책과 영업정책은 이사회가 결정한다.

(나) 토지만으로 구성된 자산을 가진 ㈜평지의 지분 100%

: ㈜평지는 ㈜한국과 특수관계가 없는 ㈜바다가 과거 공장부지용도로 취득했던 토지를 자산으로 하여 물적분할을 통해 설립한 회사이다. ㈜평지는 사업을 구성하지 않으며, ㈜한국이 ㈜평지의 지분을 취득한 직후 ㈜한국과 ㈜평지는 합병하였다.

(다) 자동차부품을 제조하는 기업인 ㈜엔진의 지분 30%

: ㈜한국의 해당 주식 취득과는 무관하게 ㈜한국과 특수관계가 없는 기업인 ㈜고속이 ㈜엔진의 지분 중 40%를 보유하고 있다. 나머지 30%의 지분 역시 ㈜한국과 특수관계가 없는 다수의 주주들이 각각 1% 미만의 지분을 보유하고 있다.

(라) 원자력발전소 건설이 주요 사업인 ㈜원전의 지분 50%

: ㈜원전은 ㈜원자력과 ㈜발전이 각각 50%씩 출자하여 설립한 기업이다. ㈜한국은 ㈜원자력으로부터 해당 지분을 인수하였다. ㈜원전의 주요의사결정은 ㈜원전의 이사회결의에 의해 이루어지며, 정관상 이사회의 구성원인 이사는 ㈜원전의 지분비율에 비례하여 임명되고, 이사회는 이사의 전체 동의에 의해 의결한다.

---

03 위에서 제시한 사례 중 ㈜한국의 해당 주식 취득이 사업결합에 해당하는 것으로만 모두 묶인 것은?

① (가)　　　　② (나)　　　　③ (가), (나)　　　　④ (나), (라)　　　　⑤ (나), (다), (라)

04 다음 중 ㈜한국이 20×1년 말 연결재무제표 작성에 있어서, 보유지분에 대한 회계처리 방법으로 타당한 것은?

	(가) ㈜한식	(다) ㈜엔진	(라) ㈜원전
①	지분법	지분법	연결
②	원가법	지분법	연결
③	지분법	공동영업 또는 지분법	공동영업
④	연결	지분법	공동영업 또는 지분법
⑤	연결	연결	연결

해커스 IFRS 김원종 객관식 고급회계　Chapter 4　관계기업투자와 공동약정

05 다음 중 관계기업투자와 관련한 설명으로 옳지 않은 것은 어느 것인가?

[2011 공인회계사 1차 수정]

① 관계기업이나 공동기업에 대한 투자 또는 그 투자의 일부가 매각예정분류기준을 충족하는 경우 관계기업에 대한 투자지분은 순공정가치와 장부금액 중 작은 금액으로 측정하여, 손상차손 과목으로 당기손익으로 인식한다.

② 관계기업이 유사한 상황에서 발생한 동일한 거래와 사건에 대하여 투자자의 회계정책과 다른 회계정책을 사용한 경우 투자자는 지분법을 적용하기 위하여 관계기업의 재무제표를 사용할 때 관계기업의 회계정책을 투자자의 회계정책과 일관되도록 하여야 한다.

③ 관계기업에 대한 유의적인 영향력을 상실한 경우, 투자자는 관계기업이 관련 자산이나 부채를 직접 처분한 경우의 회계처리와 동일한 기준으로 그 관계기업과 관련하여 기타포괄손익으로 인식한 모든 금액에 대하여 회계처리한다. 그러므로 관계기업이 이전에 기타포괄손익으로 인식한 손익을 관련 자산이나 부채의 처분으로 인하여 당기손익으로 재분류하게 되는 경우, 투자자는 관계기업에 대한 유의적인 영향력을 상실한 때에 손익을 자본에서 당기손익으로 재분류(재분류 조정)한다.

④ 투자자가 직접으로 또는 간접(예 종속기업을 통하여)으로 피투자자에 대한 의결권의 20% 이상을 소유하고 있다면 유의적인 영향력이 있는 것으로 본다. 다만 유의적인 영향력이 없다는 사실을 명백하게 제시할 수 있는 경우는 제외한다. 따라서 투자자 외의 다른 투자자가 해당 피투자자의 주식을 상당한 부분 또는 과반수를 소유하고 있는 경우 투자자가 피투자자에 대하여 유의적인 영향력이 있다는 것을 배제한다.

⑤ 투자자와 관계기업 사이의 '상향'거래나 '하향'거래에서 발생한 당기손익에 대하여 투자자는 그 관계기업에 대한 투자지분과 무관한 손익까지만 재무제표에 인식한다.

06 관계기업과 공동기업에 대한 투자 및 지분법 회계처리에 대한 설명으로서 옳지 않은 것은?

[2016 공인회계사 1차]

① 관계기업이란 투자자가 유의적인 영향력을 보유하고 있는 기업을 말하며, 여기에서 유의적인 영향력은 투자자가 피투자자의 재무정책과 영업정책에 관한 의사결정에 참여할 수 있는 능력을 의미한다.

② 기업이 피투자자에 대한 의결권의 20% 이상을 소유하고 있다면 명백한 반증이 없는 한 유의적인 영향력을 보유하는 것으로 판단한다. 이때 의결권은 투자자가 직접 보유하는 지분과 투자자의 다른 관계기업이 소유하고 있는 지분을 합산하여 판단한다.

③ 투자자와 관계기업 사이의 '상향'거래나 '하향'거래에서 발생한 손익에 대하여 투자자는 그 관계기업에 대한 지분과 무관한 손익까지만 재무제표에 인식한다.

④ 관계기업투자가 공동기업투자로 되거나 공동기업투자가 관계기업투자로 되는 경우, 투자자는 지분법을 계속 적용하며 잔여 보유지분을 재측정하지 않는다.

⑤ 관계기업에 대한 투자 장부금액의 일부를 구성하는 영업권은 분리하여 인식하지 않으므로 영업권에 대한 별도의 손상검사를 하지 않는다.

07 20×1년 1월 1일에 ㈜대한은 ㈜민국의 의결권 있는 주식 20%를 ₩600,000에 취득하여 유의적인 영향력을 가지게 되었다. 20×1년 1월 1일 현재 ㈜민국의 순자산 장부금액은 ₩2,000,000이다.

> • ㈜대한의 주식 취득일 현재 ㈜민국의 자산 및 부채 가운데 장부금액과 공정가치가 일치하지 않는 계정과목은 다음과 같다.
>
> | 계정과목 | 장부금액 | 공정가치 |
> |---|---|---|
> | 토지 | ₩350,000 | ₩400,000 |
> | 재고자산 | ₩180,000 | ₩230,000 |
>
> • ㈜민국은 20×1년 7월 1일에 토지 전부를 ₩420,000에 매각하였으며, 이 외에 20×1년 동안 토지의 추가 취득이나 처분은 없었다.
> • ㈜민국의 20×1년 1월 1일 재고자산 중 20×1년 12월 31일 현재 보유하고 있는 재고자산의 장부금액은 ₩36,000이다.
> • ㈜민국은 20×1년 8월 31일에 이사회 결의로 ₩100,000의 현금배당(중간배당)을 선언·지급하였으며, ㈜민국의 20×1년 당기순이익은 ₩300,000이다.

㈜대한의 20×1년 12월 31일 현재 재무상태표에 표시되는 ㈜민국에 대한 지분법적용투자주식의 장부금액은 얼마인가? 단, 상기 기간 중 ㈜민국의 기타포괄손익은 발생하지 않은 것으로 가정한다. [2021 공인회계사 1차]

① ₩622,000 ② ₩642,000 ③ ₩646,000
④ ₩650,000 ⑤ ₩666,000

08 ㈜대한은 20×1년 1월 1일에 ㈜민국의 발행주식 총수의 40%에 해당하는 100주를 총 ₩5,000에 취득하여, 유의적인 영향력을 행사하게 되어 지분법을 적용하기로 하였다. 취득일 현재 ㈜민국의 장부상 순자산가액은 ₩10,000이었고, ㈜민국의 장부상 순자산가액과 공정가치가 일치하지 않는 이유는 재고자산과 건물의 공정가치가 장부금액보다 각각 ₩2,000과 ₩400이 많았기 때문이다. 그런데 재고자산은 모두 20×1년 중에 외부에 판매되었으며, 20×1년 1월 1일 기준 건물의 잔존내용연수는 4년이고 잔존가치는 ₩0이며, 정액법으로 상각한다. ㈜민국은 20×1년도 당기순이익 ₩30,000과 기타포괄이익 ₩10,000을 보고하였으며, 주식 50주(주당 액면 ₩50)를 교부하는 주식배당과 ₩5,000의 현금배당을 결의하고 즉시 지급하였다. ㈜대한이 20×1년도 재무제표에 보고해야 할 관계기업투자주식과 지분법손익은? [2013 세무사 1차]

① 관계기업투자주식 ₩17,160 지분법이익 ₩11,160
② 관계기업투자주식 ₩17,160 지분법이익 ₩15,160
③ 관계기업투자주식 ₩18,160 지분법이익 ₩11,160
④ 관계기업투자주식 ₩18,160 지분법이익 ₩15,160
⑤ 관계기업투자주식 ₩20,160 지분법이익 ₩15,160

09 ㈜한국은 20×1년 초에 ㈜서울의 의결권 있는 주식 30%를 ₩40,000에 취득하여 유의적인 영향력을 갖게 되었다. ㈜한국은 ㈜서울의 투자주식에 대해서 지분법을 적용하기로 하였으며, 관련 자료는 다음과 같다.

> (1) 20×1년 초 ㈜서울의 순자산의 장부금액은 ₩100,000이고, 공정가치는 ₩130,000인데, 건물(잔존내용연수 10년, 잔존가치 없이 정액법 상각)의 공정가치가 장부금액을 ₩30,000 초과한다.
> (2) 20×1년 중에 ㈜한국이 ㈜서울에 상품매출을 하였는데, 20×1년 말 현재 ₩2,000의 내부거래이익이 미실현된 상태이다.
> (3) 20×1년 중에 ㈜서울의 순자산의 장부금액이 ₩20,000 증가하였는데, 이 중 ₩15,000은 당기순이익이며, 나머지 ₩5,000은 기타포괄이익이다.

㈜한국이 20×1년 말에 ㈜서울의 투자주식에 대해서 당기손익으로 인식할 지분법이익은 얼마인가?

[2013 공인회계사 1차]

① ₩1,600 ② ₩2,900 ③ ₩3,000
④ ₩4,410 ⑤ ₩4,500

10 20×1년 1월 1일 ㈜대한은 ㈜민국의 의결권 있는 보통주 30주(총발행주식의 30%)를 ₩400,000에 취득하여 유의적인 영향력을 행사하게 되었다. 취득일 현재 ㈜민국의 순자산 장부금액은 ₩1,300,000이며, ㈜민국의 자산·부채 중에서 장부금액과 공정가치가 일치하지 않는 항목은 다음과 같다. ㈜대한이 20×1년 지분법이익으로 인식할 금액은 얼마인가?

[2020 공인회계사 1차]

> • 주식취득일 현재 공정가치와 장부금액이 다른 자산은 다음과 같다.
>
> | 구분 | 재고자산 | 건물(순액) |
> |---|---|---|
> | 공정가치 | ₩150,000 | ₩300,000 |
> | 장부금액 | ₩100,000 | ₩200,000 |
>
> • 재고자산은 20×1년 중에 전액 외부로 판매되었다.
> • 20×1년 초 건물의 잔존내용연수는 5년, 잔존가치 ₩0, 정액법으로 감가상각한다.
> • ㈜민국은 20×1년 5월 말에 총 ₩20,000의 현금배당을 실시하였으며, 20×1년 당기순이익으로 ₩150,000을 보고하였다.

① ₩59,000 ② ₩53,000 ③ ₩45,000
④ ₩30,000 ⑤ ₩24,000

11 ㈜대한은 20×1년 초에 ㈜민국의 의결권 있는 보통주 250주(지분율 25%)를 ₩150,000에 취득하고, 유의적인 영향력을 행사할 수 있게 되었다. 취득일 현재 ㈜민국의 식별가능한 순자산의 장부금액과 공정가치는 모두 ₩500,000으로 동일하다. 20×1년 중 발생한 두 기업 간 거래내역 및 ㈜민국의 보고이익 정보는 다음과 같다.

> (1) 20×1년 10월 초 ㈜대한은 ㈜민국에게 원가 ₩50,000인 상품을 ₩80,000에 판매하였다. ㈜민국은 20×1년 말 현재 동 상품의 50%를 외부에 판매하였고, 나머지 50%는 재고자산으로 보유하고 있다.
>
> (2) 20×1년 12월 초 ㈜민국은 ㈜대한에게 원가 ₩50,000인 상품을 ₩30,000에 판매하였고, ㈜대한은 20×1년 말 현재 동 상품 모두를 재고자산으로 보유하고 있다. 판매가격 ₩30,000은 해당 상품의 순실현가능가치에 해당한다.
>
> (3) ㈜민국이 보고한 20×1년도 당기순이익은 ₩60,000이다.

㈜대한이 ㈜민국에 대한 투자주식과 관련하여, 20×1년도의 포괄손익계산서에 보고할 지분법이익은 얼마인가? [2018 공인회계사 1차]

① ₩10,500 ② ₩11,250 ③ ₩12,500
④ ₩15,000 ⑤ ₩16,250

12 20×1년 초에 A회사는 B회사 보통주 1,000주(지분율 10%)를 주당 ₩400에 취득하였다. A회사와 B회사는 12월 말 결산법인이며, 관련자료는 다음과 같다.

> (1) 20×1년 초에 B회사의 순자산 장부금액은 ₩3,600,000이었으며, 순자산 장부금액과 공정가치가 다른 항목은 없었다. 20×1년 말 B회사 보통주 1주의 공정가치는 ₩420이었다.
>
> (2) 20×2년 초에 A회사는 B회사의 보통주 2,000주(지분율 20%)를 주당 ₩440에 추가로 취득하였다. 취득 당시 B회사의 순자산 장부금액은 ₩4,000,000이며, 순자산 장부금액과 공정가치가 다른 항목은 없었다.
>
> (3) 20×2년에 B회사는 ₩800,000의 당기순이익을 보고하였으며, ₩400,000의 기타포괄손익을 보고하였다.

A회사가 B회사의 기존주식을 당기손익공정가치측정금융자산으로 분류하였다면, 20×2년 당기손익에 미치는 영향 및 기타포괄손익에 미치는 영향을 계산하시오.

	당기손익에 미치는 영향	기타포괄손익에 미치는 영향
①	₩20,000	₩120,000
②	₩20,000	₩80,000
③	₩240,000	₩120,000
④	₩240,000	₩80,000
⑤	₩260,000	₩120,000

13 A회사는 20×1년 초에 B회사의 발행주식의 30%를 ₩8,000,000에 취득하여 유의적인 영향력을 획득하였다. 취득 당시 B회사의 순자산가액은 ₩20,000,000이었는데, 순자산 장부금액과 순자산 공정가치는 일치하였고, 나머지 투자차액은 영업권 대가로 지급된 것이다. B회사의 최근 3년간 당기순이익(손실)은 다음과 같다.

항목	20×1년	20×2년	20×3년
당기순이익(손실)	₩(20,000,000)	₩(15,000,000)	₩10,000,000

A회사가 20×3년 지분법적용재무제표에 인식할 지분법이익은 얼마인가?

① ₩500,000   ② ₩1,000,000   ③ ₩1,500,000

④ ₩2,500,000   ⑤ ₩3,000,000

※ 다음은 **14~15**와 관련된 자료이다.

20×1년 초에 A회사는 B회사 보통주 4,000주를 주당 ₩100으로 취득하여 유의적인 영향력을 획득하였다.

(1) A회사가 취득한 B회사의 주식은 B회사 총발행주식의 40%이었고, 취득시점에서 B회사의 순자산장부금액은 ₩1,000,000이었으며, B회사 자산과 부채의 장부금액과 공정가치는 일치하였다.

(2) 20×1년에 B회사는 ₩200,000의 당기순이익을 보고하였으며, ₩100,000의 기타포괄손익을 보고하였다. 기타포괄손익은 해외사업장과 관련하여 재무제표를 환산하여 발생한 해외사업환산손익이다.

---

14 20×2년 초에 A회사가 보유하고 있는 B회사 보통주 중 10%(1,000주)를 ₩140,000에 처분한 경우 20×2년 초에 A회사가 당기손익으로 인식할 금액은 얼마인가?

① ₩10,000   ② ₩20,000   ③ ₩30,000

④ ₩40,000   ⑤ ₩50,000

---

15 20×2년 초에 A회사가 보유하고 있는 B회사 보통주 중 30%(3,000주)를 ₩420,000에 처분한 경우 20×2년 초에 A회사가 당기손익으로 인식할 금액은 얼마인가? 단, B회사 투자주식 처분 후에 10%의 지분은 기타포괄손익–공정가치측정금융자산으로 분류하며, 공정가치는 ₩140,000이다.

① ₩10,000   ② ₩30,000   ③ ₩40,000

④ ₩70,000   ⑤ ₩80,000

16 ㈜한국은 20×1년 초에 ㈜서울의 의결권 있는 보통주식 30%를 ₩40,000에 취득하여 유의적인 영향력을 갖게 되었다. 20×1년 초 ㈜서울의 순자산의 장부금액은 ₩73,000이고 공정가치는 ₩70,000인데, 건물(잔존내용연수 10년, 잔존가치 ₩0, 정액법 상각)의 공정가치가 장부금액보다 ₩3,000 낮음에 기인한다. 20×1년 ㈜서울의 당기순이익은 ₩10,000이지만, 자금난으로 결국 부도처리되었으며 이는 손상차손 발생에 대한 객관적 증거에 해당한다. 20×1년 12월 31일 현재 ㈜한국이 보유한 ㈜서울 주식의 회수가능액은 ₩14,000이다. ㈜한국이 ㈜서울의 관계기업투자주식에 대해서 지분법을 적용할 때 20×1년 말에 인식해야 할 손상차손은 얼마인가?

[2015 공인회계사 1차]

① ₩28,100 ② ₩28,910 ③ ₩29,000
④ ₩29,090 ⑤ ₩29,900

17 공동약정(Joint Arrangement)에 대한 다음의 설명 중 옳지 않은 것은?

[2013 공인회계사 1차 수정]

① 공동약정은 둘 이상의 당사자들이 공동지배력을 보유하는 약정이며, 공동지배력은 관련활동에 대한 결정에 약정을 집합적으로 지배하는 당사자들 전체의 동의가 요구될 때에만 존재한다.
② 공동약정은 공동영업 또는 공동기업으로 분류하는데, 별도기구로 구조화되지 않은 공동약정은 공동영업으로 분류한다.
③ 별도기구로 구조화된 공동약정의 경우, 별도기구의 법적 형식이 당사자에게 약정의 자산에 대한 권리와 부채에 대한 의무를 부여한다면 공동기업으로 분류한다.
④ 공동영업자는 공동영업의 자산, 부채, 수익 및 비용 중 자신의 지분에 해당되는 금액을 공동영업자의 별도재무제표에 각각 자산, 부채, 수익 및 비용으로 인식한다.
⑤ 공동기업 참여자는 공동기업에 대한 자신의 지분을 투자자산으로 인식하고, 지분법으로 회계처리한다.

18 ㈜대한은 20×1년 초 ㈜민국의 의결권 있는 주식 20%를 ₩60,000에 취득하여 유의적인 영향력을 행사할 수 있게 되었다. ㈜민국에 대한 추가 정보는 다음과 같다.

> • 20×1년 1월 1일 현재 ㈜민국의 순자산 장부금액은 ₩200,000이며, 자산과 부채는 장부금액과 공정가치가 모두 일치한다.
> • ㈜대한은 20×1년 중 ㈜민국에게 원가 ₩20,000인 제품을 ₩25,000에 판매하였다. ㈜민국은 20×1년 말 현재 ㈜대한으로부터 취득한 제품 ₩25,000 중 ₩10,000을 기말재고로 보유하고 있다.
> • ㈜민국의 20×1년 당기순이익은 ₩28,000이며, 기타포괄이익은 ₩5,000이다.

㈜민국에 대한 지분법적용투자주식과 관련하여 ㈜대한이 20×1년도 포괄손익계산서상 당기손익에 반영할 지분법이익은 얼마인가?

[2022 공인회계사 1차]

① ₩5,200 ② ₩5,700 ③ ₩6,200
④ ₩6,700 ⑤ ₩7,200

19 ㈜대한은 20×1년 초에 보유하던 토지(장부금액 ₩20,000, 공정가치 ₩30,000)를 ㈜민국에 출자하고, 현금 ₩10,000과 ㈜민국의 보통주 30%를 수취하여 유의적인 영향력을 행사하게 되었다. 출자 당시 ㈜민국의 순자산 장부금액은 ₩50,000이며 이는 공정가치와 일치하였다. 20×1년 말 현재 해당 토지는 ㈜민국이 소유하고 있으며, ㈜민국은 20×1년도 당기순이익으로 ₩10,000을 보고하였다. ㈜민국에 대한 현물출자와 지분법 회계처리가 ㈜대한의 20×1년도 당기순이익에 미치는 영향은 얼마인가? 단, 현물출자는 상업적 실질이 결여되어 있지 않다.

[2023 공인회계사 1차]

① ₩6,000 증가   ② ₩8,000 증가   ③ ₩9,000 증가
④ ₩11,000 증가   ⑤ ₩13,000 증가

20 관계기업과 공동기업에 대한 투자 및 지분법 회계처리에 대한 다음 설명 중 옳지 않은 것은?

[2023 공인회계사 1차]

① 지분법은 투자자산을 최초에 원가로 인식하고, 취득시점 이후 발생한 피투자자의 순자산 변동액 중 투자자의 몫을 해당 투자자산에 가감하여 보고하는 회계처리방법이다.
② 투자자와 관계기업 사이의 상향거래가 구입된 자산의 순실현가능가치의 감소나 그 자산에 대한 손상차손의 증거를 제공하는 경우, 투자자는 그러한 손실 중 자신의 몫을 인식한다.
③ 유의적인 영향력을 상실하지 않는 범위 내에서 관계기업에 대한 보유지분의 변동은 자본거래로 회계처리한다.
④ 관계기업에 대한 순투자 장부금액의 일부를 구성하는 영업권은 분리하여 인식하지 않으므로 별도의 손상검사를 하지 않는다.
⑤ 관계기업이 자본으로 분류되는 누적적 우선주를 발행하였고 이를 제3자가 소유하고 있는 경우, 투자자는 배당결의 여부에 관계없이 이러한 주식의 배당금에 대하여 조정한 후 당기순손익에 대한 자신의 몫을 산정한다.

21 기업회계기준서 제1111호 '공동약정'에 대한 다음 설명 중 옳지 않은 것은?

[2024 공인회계사 1차]

① 공동약정은 둘 이상의 당사자들이 공동지배력을 보유하는 약정이다.
② 공동지배력은 약정의 지배력에 대한 합의된 공유인데, 관련 활동에 대한 결정에 지배력을 공유하는 당사자들 전체의 동의가 요구될 때에만 존재한다.
③ 약정의 모든 당사자들이 약정의 공동지배력을 보유하지 않는다면 그 약정은 공동약정이 될 수 없다.
④ 공동약정은 약정의 당사자들의 권리와 의무에 따라 공동영업이거나 공동기업으로 분류한다.
⑤ 공동기업은 약정의 공동지배력을 보유하는 당사자들이 약정의 순자산에 대한 권리를 보유하는 공동약정이다.

고급문제

01 관계기업과 공동기업에 대한 투자 및 지분법 회계처리에 대한 다음 설명 중 옳은 것은?

[2020 공인회계사 1차]

① 관계기업의 결손이 누적되면 관계기업에 대한 투자지분이 부(-)의 잔액이 되는 경우가 발생할 수 있다.

② 피투자자의 순자산 변동 중 투자자의 몫은 전액 투자자의 당기순손익으로 인식한다.

③ 관계기업의 정의를 충족하지 못하게 되어 지분법 사용을 중단하는 경우로서 종전 관계기업에 대한 잔여 보유 지분이 금융자산이면 기업은 잔여 보유 지분을 공정가치로 측정하고, '잔여 보유 지분의 공정가치와 관계기업에 대한 지분의 일부 처분으로 발생한 대가의 공정가치'와 '지분법을 중단한 시점의 투자자산의 장부금액'의 차이를 기타포괄손익으로 인식한다.

④ 하향거래가 매각대상 또는 출자대상 자산의 순실현가능가치의 감소나 그 자산에 대한 손상차손의 증거를 제공하는 경우 투자자는 그러한 손실 중 자신의 몫을 인식한다.

⑤ 관계기업이 해외사업장과 관련된 누적 외환차이가 있고 기업이 지분법의 사용을 중단하는 경우, 기업은 해외사업장과 관련하여 이전에 기타포괄손익으로 인식했던 손익을 당기손익으로 재분류한다.

02 기업회계기준서 제1028호 '관계기업과 공동기업에 대한 투자'에 관한 다음 설명 중 옳지 않은 것은?

[2021 공인회계사 1차]

① A기업이 보유하고 있는 B기업의 지분이 10%에 불과하더라도 A기업의 종속회사인 C기업이 B기업 지분 15%를 보유하고 있는 경우, 명백한 반증이 제시되지 않는 한 A기업이 B기업에 대해 유의한 영향력을 행사할 수 있는 것으로 본다.

② 관계기업투자가 공동기업투자로 되거나 공동기업투자가 관계기업투자로 되는 경우, 기업은 보유 지분을 투자 성격 변경시점의 공정가치로 재측정한다.

③ 기업이 유의적인 영향력을 보유하는지를 평가할 때에는 다른 기업이 보유한 잠재적 의결권을 포함하여 현재 행사할 수 있거나 전환할 수 있는 잠재적 의결권의 존재와 영향을 고려한다.

④ 손상차손 판단 시 관계기업이나 공동기업에 대한 투자의 회수가능액은 각 관계기업이나 공동기업별로 평가하여야 한다. 다만, 관계기업이나 공동기업이 창출하는 현금유입이 그 기업의 다른 자산에서 창출되는 현금흐름과 거의 독립적으로 구별되지 않는 경우에는 그러하지 아니한다.

⑤ 관계기업이나 공동기업에 대한 지분 일부를 처분하여 잔여 보유 지분이 금융자산이 되는 경우, 기업은 해당 잔여 보유 지분을 공정가치로 재측정한다.

03 '관계기업투자'에 관한 설명으로 옳지 않은 것은?

① 관계기업이나 공동기업에 대한 투자 또는 그 투자의 일부가 매각예정분류기준을 충족하는 경우, K-IFRS 제1105호 '매각예정비유동자산과 중단영업'을 적용하여 회계처리한다.

② 매각예정으로 분류되지 않은 관계기업이나 공동기업에 대한 투자의 잔여 보유분은 매각예정으로 분류된 부분이 매각될 때까지 지분법을 적용하여 회계처리한다.

③ 이전에 매각예정으로 분류된 관계기업이나 공동기업에 대한 투자 또는 그 투자의 일부가 더 이상 그 분류기준을 충족하지 않는다면 분류기준을 충족하지 않는 시점부터 전진적으로 지분법을 적용하여 회계처리한다.

④ 관계기업이나 공동기업이 자본으로 분류되는 누적적 우선주를 발행하였고 이를 기업 이외의 다른 측이 소유하고 있는 경우, 기업은 배당결의 여부에 관계없이 이러한 주식의 배당금에 대하여 조정한 후 당기순손익에 대한 자신의 지분(몫)을 산정한다.

⑤ 관계기업이나 공동기업의 지분을 수령하면서 추가로 화폐성이나 비화폐성자산을 수취하는 경우, 기업은 수령한 화폐성이나 비화폐성 자산과 관련하여 비화폐성 출자에 대한 손익의 해당 부분을 당기손익으로 모두 인식한다.

※ 다음은 **04 ~ 06**과 관련된 자료이다.

20×1년 초에 A회사는 보유하고 있는 토지(장부금액 ₩750,000, 공정가치 ₩1,000,000)를 출자하여, B회사 보통주 3,000주를 취득하고 유의적인 영향력을 획득하였다.

(1) A회사가 취득한 B회사의 주식은 B회사 총발행주식의 30%이었고, 취득시점에서 B회사의 순자산장부금액과 공정가치는 일치하였으며, 투자자와 관계기업 간의 다른 내부거래는 없다.

(2) 20×1년에 B회사는 ₩500,000의 당기순이익을 보고하였다.

---

04 토지의 출자거래에 상업적 실질이 결여되어 있다면, A회사가 보유하고 있는 B회사 보통주의 20×1년 말 재무제표의 관계기업투자주식으로 계상될 금액은 얼마인가?

① ₩900,000   ② ₩1,075,000   ③ ₩982,500
④ ₩1,232,500   ⑤ ₩857,500

---

05 토지의 출자거래에 상업적 실질이 결여되어 있지 않다면, A회사가 보유하고 있는 B회사 보통주의 20×1년 말 재무제표의 관계기업투자주식으로 계상될 금액은 얼마인가?

① ₩900,000   ② ₩1,075,000   ③ ₩982,500
④ ₩1,232,500   ⑤ ₩857,500

06 05와 관계없이 20×1년 초에 A회사는 보유하고 있는 토지(장부금액 ₩750,000, 공정가치 ₩1,000,000)를 출자하여, B회사 보통주 3,000주를 취득하고 현금 ₩100,000을 수령하여 유의적인 영향력을 획득하였다고 가정한다. A회사가 보유하고 있는 B회사 보통주의 20×1년 말 재무제표의 관계기업투자주식으로 계상될 금액은 얼마인가?

① ₩900,000   ② ₩1,075,000   ③ ₩982,500

④ ₩1,232,500   ⑤ ₩857,500

07 ㈜대한은 20×1년 초에 ㈜민국의 의결권 있는 보통주식 30주(지분율 30%)를 ₩150,000에 취득하여 유의적인 영향력을 행사하게 되었다. 취득 당시 ㈜민국의 순자산장부금액은 ₩500,000이며 공정가치와 일치하였다. 20×1년도에 ㈜민국은 당기순이익 ₩120,000과 기타포괄이익(해외사업환산손익) ₩50,000을 보고하였으며 배당결의나 지급은 없었다. ㈜대한은 20×2년 초에 보유하고 있던 ㈜민국의 주식 20주(지분율 20%)를 주당 공정가치 ₩6,500에 매각하여 유의적인 영향력을 상실하였다. 나머지 10주는 기타포괄손익-공정가치측정금융자산으로 재분류하였다. ㈜민국의 주식 20주 처분과 10주의 재분류가 ㈜대한의 20×2년도 당기순이익에 미치는 영향은?

[2017 공인회계사 1차 수정]

① ₩6,000 감소   ② ₩9,000 증가   ③ ₩6,000 증가

④ ₩9,000 감소   ⑤ ₩15,000 증가

01 관계기업이란 투자자가 당해 기업에 유의적인 영향력을 행사할 수 있는 기업을 말한다. 여기서 유의적인 영향력이란 피투자자의 재무정책과 영업정책에 관한 의사결정에 참여할 수 있는 능력으로서 그러한 정책에 대한 지배력이나 공동지배를 의미하는 것은 아니다. 따라서 관계기업은 당해 기업에 대한 지배력을 행사할 수 있는 종속기업이나 둘 이상의 당사자가 공동지배를 하는 공동기업에 대한 투자지분과는 구별된다.

02 잠재적 의결권이 유의적인 영향력에 영향을 미치는지를 판단할 때 잠재적 의결권에 영향을 미치는 모든 사실과 상황을 검토하여야 한다. 여기에는 잠재적 의결권의 행사 조건과 그 밖의 계약상 약정내용을 개별적으로 또는 결합하여 검토하는 것을 포함한다. 다만, 행사나 전환에 대한 경영진의 의도와 재무 능력은 고려하지 아니한다.

03 사업결합은 취득자가 하나 이상의 사업에 대한 지배력을 획득하는 거래나 그 밖의 사건을 말하며, 사업결합의 유형으로는 합병과 취득이 있다.
  (가) 지분율은 20%이나 ㈜한국이 모든 의결권을 위임받아 행사가능하고 이사회 구성원 전원을 임명할 수 있어 실질적으로 ㈜한식을 지배(실질지배기준)하고 있다. 따라서 연결대상회사이다.
  (나) 지분율은 100% 취득하였으나 사업을 구성하지 못한다. 기업이 사업의 정의를 충족하지 못한 기업을 취득하거나 사업을 구성하지 않는 자산 집단이나 순자산 집단을 취득한 경우, 이는 사업결합이 아니다. 따라서 이러한 경우에는 일괄구입으로 보고 회계처리해야 한다.
  (다) 지분율이 30%이므로 연결대상회사가 아니다. 다만 20% 이상을 소유하고 있기 때문에 유의적인 영향력이 있는 것으로 보아 지분법을 적용한다.
  (라) ㈜발전과 지분율이 50%로 동일하므로 공동약정에 해당한다. 공동약정은 공동영업인 경우에는 공동영업, 공공기업인 경우에는 지분법을 적용한다.

04 (가) 실질지배력이 있으므로 연결대상회사이다.
  (다) 연결대상은 아니지만 20% 이상을 소유하고 있기 때문에 유의적인 영향력이 있는 것으로 보아 지분법을 적용한다.
  (라) ㈜발전과 지분율이 50%로 동일하므로 공동약정에 해당한다. 공동약정은 공동영업인 경우에는 공동영업 또는 공공기업인 경우에는 지분법을 적용한다.

05 투자자 외의 다른 투자자가 해당 피투자자의 주식을 상당한 부분 또는 과반수를 소유하고 있다고 하여도 투자자가 피투자자에 대하여 유의적인 영향력을 행사할 수 있으므로, 이러한 경우에도 유의적인 영향력이 있다는 것을 배제할 필요는 없다.

06 연결실체가 소유하고 있는 관계기업지분은 연결실체 내 지배기업과 종속기업이 소유하고 있는 지분을 단순 합산한다. 그러나 연결실체의 다른 관계기업이나 공동기업이 소유하고 있는 해당 관계기업지분은 합산하지 아니한다.

07 20×1년 말 재무제표에 계상되는 관계기업투자주식의 장부금액

피투자자 순자산장부금액: ₩2,000,000 + ₩300,000 − ₩100,000 =	₩2,200,000
투자차액 미상각잔액	
재고자산: ₩50,000 × ₩36,000/₩180,000 =	₩10,000
피투자자의 순자산공정가치	₩2,210,000
투자자의 지분율	× 20%
① 피투자자 순자산공정가치에 대한 지분	₩442,000
② 영업권: ₩600,000 − (₩2,000,000 + ₩50,000 + ₩50,000) × 20%	₩180,000
③ 투자자의 하향 내부거래 미실현손익 잔액 × 투자자의 지분율	−
관계기업투자(① + ② + ③)	₩622,000

08 1. 20×1년 말 지분법을 적용한 재무상태표에 표시될 관계기업투자주식

피투자자의 순자산장부금액: ₩10,000 + ₩30,000 + ₩10,000 − ₩5,000 = ₩45,000

투자차액 미상각잔액

건물: ₩400 × 3년/4년 =	₩300
피투자자의 순자산공정가치	₩45,300
투자자의 지분율	× 40%
① 피투자자 순자산공정가치에 대한 지분	₩18,120
② 영업권: ₩5,000 − ₩12,400 × 40% =	₩40
③ 투자자의 하향 내부거래 미실현손익 잔액 × 투자자의 지분율	−
관계기업투자(① + ② + ③)	₩18,160

2. 20×1년의 지분법손익

피투자자의 보고된 당기순이익	₩30,000
투자차액의 상각	
재고자산	₩(2,000)
건물: ₩400/4년 =	₩(100)
피투자자의 조정 후 당기순이익	₩27,900
투자자의 지분율	× 40%
① 피투자자의 조정 후 당기순이익에 대한 지분	₩11,160
② 투자자의 하향 내부거래제거 × 투자자의 지분율	−
③ 염가매수차익	−
지분법손익(① + ② + ③)	₩11,160

09

피투자자의 보고된 당기순이익	₩15,000
투자차액의 상각	
건물: ₩30,000/10년 =	₩(3,000)
피투자자의 조정 후 당기순이익	₩12,000
투자자의 지분율	× 30%
① 피투자자의 조정 후 당기순이익에 대한 지분	₩3,600
② 투자자의 하향 내부거래제거 × 투자자의 지분율	
상품: ₩(2,000) × 30% =	₩(600)
③ 염가매수차익	−
지분법손익(① + ② + ③)	₩3,000

10

피투자자의 보고된 당기순이익	₩150,000
투자차액의 상각	
재고자산	₩(50,000)
건물: ₩100,000 × 1년/5년 =	₩(20,000)
피투자자의 상향 내부거래제거	
재고자산 미실현: ₩0	−
피투자자의 조정 후 당기순이익	₩80,000
투자자의 지분율	× 30%
① 피투자자의 조정 후 당기순이익에 대한 지분	₩24,000
② 투자자의 하향 내부거래제거 × 투자자의 지분율	
재고자산 미실현: ₩0	−
③ 염가매수차익: ₩1,450,000 × 30% − ₩400,000 =	₩35,000
지분법손익(① + ② + ③)	₩59,000

11

피투자자의 보고된 당기순이익	₩60,000
피투자자의 상향 내부거래제거	
재고자산 미실현: ₩0	–
피투자자의 조정 후 당기순이익	₩60,000
투자자의 지분율	× 25%
① 피투자자의 조정 후 당기순이익에 대한 지분	₩15,000
② 투자자의 하향 내부거래제거 × 투자자의 지분율	
재고자산 미실현: ₩30,000 × 50% × 25% =	₩(3,750)
③ 염가매수차익	–
지분법손익(① + ② + ③)	₩11,250

12 1. 회계처리

20×1년 초	(차) 당기손익공정가치측정금융자산	400,000	(대) 현금		400,000
20×1년 말	(차) 당기손익공정가치측정금융자산	20,000	(대) 당기손익공정가치측정금융자산평가이익(NI)[1]		20,000
20×2년 초	(차) 관계기업투자[2]	1,320,000	(대) 현금		880,000
			당기손익공정가치측정금융자산		420,000
			금융자산처분이익(NI)[3]		20,000
20×2년 말	(차) 관계기업투자	240,000	(대) 지분법이익(NI)[4]		240,000
	(차) 관계기업투자	120,000	(대) 지분법기타포괄이익(OCI)[5]		120,000

[1] 1,000주 × (₩420 − ₩400) = ₩20,000
[2] 1,000주 × ₩440 + 2,000주 × ₩440 = ₩1,320,000
[3] 1,000주 × (₩440 − ₩420) = ₩20,000
[4] ₩800,000 × 30% = ₩240,000
[5] ₩400,000 × 30% = ₩120,000

2. 20×2년 당기손익에 미치는 영향: (1) + (2) = ₩260,000
  (1) 금융자산처분이익: 1,000주 × (₩440 − ₩420) = ₩20,000
  (2) 지분법이익: ₩800,000 × 30% = ₩240,000

3. 20×2년 기타포괄손익에 미치는 영향: 지분법기타포괄이익 = ₩400,000 × 30% = ₩120,000

4. 20×2년 말 관계기업투자의 장부금액

피투자자 순자산장부금액: ₩4,000,000 + ₩800,000 + ₩400,000 =	₩5,200,000
투자차액 미상각잔액	–
피투자자의 상향 내부거래 미실현손익 잔액	–
피투자자의 순자산공정가치	₩5,200,000
투자자의 지분율	× 30%
① 피투자자 순자산공정가치에 대한 지분	₩1,560,000
② 영업권: (1,000주 × ₩440 + 2,000주 × ₩440) − ₩4,000,000 × 30% =	₩120,000
③ 투자자의 하향 내부거래 미실현손익 잔액 × 투자자의 지분율	–
관계기업투자(① + ② + ③)	₩1,680,000

13 1. 20×1년 지분법손실[1]: ₩(6,000,000)

[1] ₩(20,000,000) × 30% = ₩(6,000,000)

2. 20×2년 지분법손실[1]: ₩(400,000)

[1] 20×2년 지분법손실 금액은 ₩(15,000,000) × 30% = ₩(4,500,000)이나, 관계기업투자의 장부금액이 ₩0이 됨에 따라 ₩2,500,000의 손실은 인식하지 않음

3. 20×3년 지분법이익[1]: ₩500,000

[1] 20×3년 지분법이익 금액은 ₩10,000,000 × 30% = ₩3,000,000이나, 관계기업투자의 장부금액이 ₩0이 됨에 따라 전기에 인식하지 못한 ₩2,500,000의 손실을 초과한 ₩500,000만을 이익으로 인식함

4. 20×1년 회계처리

20×1년 초	(차) 관계기업투자	8,000,000	(대) 현금	8,000,000
20×1년 말	(차) 지분법손실(NI)[1]	6,000,000	(대) 관계기업투자	6,000,000

[1] ₩(20,000,000) × 30% = ₩(6,000,000)

5. 20×2년 회계처리

20×2년 말	(차) 지분법손실(NI)[1]	2,000,000	(대) 관계기업투자	2,000,000

[1] 20×2년 지분법손실 금액은 ₩(15,000,000) × 30% = ₩(4,500,000)이나, 관계기업투자의 장부금액이 ₩0이 됨에 따라 ₩(2,500,000)의 손실은 인식하지 않고 지분법 적용을 중지함

6. 20×3년 회계처리

20×3년 말	(차) 관계기업투자	500,000	(대) 지분법이익(NI)[1]	500,000

[1] 20×3년 지분법이익 금액은 ₩10,000,000 × 30% = ₩3,000,000이나, 관계기업투자의 장부금액이 ₩0이 됨에 따라 전기에 인식하지 못한 ₩(2,500,000)의 손실을 초과한 ₩500,000만을 이익으로 인식하여 지분법 적용을 재개함

14 1. 20×1년 회계처리

20×1년 초	(차) 관계기업투자	400,000	(대) 현금	400,000
20×1년 말	(차) 관계기업투자	80,000	(대) 지분법이익(NI)[1]	80,000
	(차) 관계기업투자	40,000	(대) 지분법기타포괄이익(OCI)[2]	40,000

[1] ₩200,000 × 40% = ₩80,000
[2] ₩100,000 × 40% = ₩40,000

2. 20×2년 초 회계처리

① 처분지분	(차) 현금	140,000	(대) 관계기업투자[1]	130,000
			금융자산처분이익(NI)	10,000
② 재분류조정	(차) 지분법기타포괄이익(OCI)	10,000	(대) 금융자산처분이익(NI)[2]	10,000

[1] ₩520,000 × 10%/40% = ₩130,000
[2] ₩40,000 × 10%/40% = ₩10,000

3. 20×2년 초 당기손익으로 인식할 금액: (1) + (2) = ₩20,000
   (1) 처분지분 금융자산처분이익: ₩140,000 − ₩520,000 × 10%/40% = ₩10,000
   (2) 지분법기타포괄손익 재분류조정: ₩40,000 × 10%/40% = ₩10,000

15 1. 20×1년 회계처리

20×1년 초	(차) 관계기업투자	400,000	(대) 현금		400,000
20×1년 말	(차) 관계기업투자	80,000	(대) 지분법이익(NI)[1]		80,000
	(차) 관계기업투자	40,000	(대) 지분법기타포괄이익(OCI)[2]		40,000

[1] ₩200,000 × 40% = ₩80,000
[2] ₩100,000 × 40% = ₩40,000

2. 20×2년 초 회계처리

① 처분지분	(차) 현금	420,000	(대) 관계기업투자[1]		390,000
			금융자산처분이익(NI)		30,000
② 재분류조정	(차) 지분법기타포괄이익(OCI)	40,000	(대) 금융자산처분이익(NI)[2]		40,000
③ 보유지분	(차) 기타포괄손익-공정가치측정금융자산	140,000	(대) 관계기업투자[3]		130,000
			금융자산처분이익(NI)		10,000

[1] ₩520,000 × 30%/40% = ₩390,000
[2] 유의적인 영향력을 상실하는 경우에는 ₩40,000 전액을 당기손익으로 인식함
[3] ₩520,000 × 10%/40% = ₩130,000

3. 20×2년 초 당기손익으로 인식할 금액: (1) + (2) + (3) = ₩80,000
   (1) 처분지분 금융자산처분이익: ₩420,000 − ₩520,000 × 30%/40% = ₩30,000
   (2) 지분법기타포괄손익 재분류조정: ₩40,000
   (3) 보유지분 금융자산처분이익: ₩140,000 − ₩520,000 × 10%/40% = ₩10,000

16 1. 20×1년 말 관계기업투자의 장부금액

피투자자 순자산장부금액: ₩73,000 + ₩10,000 =		₩83,000
투자차액 미상각잔액		
건물: ₩(3,000) × 9년/10년 =	₩(2,700)	
피투자자의 순자산공정가치		₩80,300
투자자의 지분율		× 30%
① 피투자자 순자산공정가치에 대한 지분		₩24,090
② 영업권: ₩40,000 − ₩70,000 × 30% =		₩19,000
③ 투자자의 하향 내부거래 미실현손익 잔액 × 투자자의 지분율		–
관계기업투자(① + ② + ③)		₩43,090

2. 관계기업투자 손상차손

관계기업투자 장부금액	₩43,090
회수가능액	₩(14,000)
관계기업투자 손상차손	₩29,090

17 별도기구로 구조화된 공동약정의 경우, 공동기업이나 공동영업이 될 수 있다. 만약, 별도기구의 법적 형식이 당사자에게 약정의 자산에 대한 권리와 부채에 대한 의무를 부여한다면 공동영업으로 분류한다.

18 20×1년의 지분법손익

피투자자의 보고된 당기순이익	₩28,000
투자차액의 상각	–
피투자자의 상향 내부거래제거	–
피투자자의 조정 후 당기순이익	₩28,000
투자자의 지분율	× 20%
① 피투자자의 조정 후 당기순이익에 대한 지분	₩5,600
② 투자자의 하향 내부거래제거 × 투자자의 지분율	–
재고자산 미실현: ₩10,000 × 20% × 20% =	₩(400)
③ 염가매수차익	–
지분법손익(① + ② + ③)	₩5,200

19 1. 회계처리

20×1년 초	(차) 관계기업투자	20,000	(대) 토지	20,000
	현금	10,000	유형자산처분이익(NI)	10,000
20×1년 말	(차) 관계기업투자	1,000	(대) 지분법이익(NI)	1,000[1]

[1] (₩10,000 – ₩10,000 × ₩20,000/₩30,000) × 30% = ₩1,000

2. 20×1년도 당기순이익에 미치는 영향: ₩10,000 + ₩1,000 = ₩11,000

20 연결회계와 다르게 유의적인 영향력을 상실하지 않는 범위 내에서 관계기업에 대한 보유지분의 변동은 자본거래로 회계처리하지 않는다. 유의적인 영향력을 획득한 후의 추가 취득이나 유의적인 영향력을 유지하는 경우의 처분거래는 자본거래로 회계처리하지 않는다.

21 약정의 모든 당사자들이 약정의 공동지배력을 보유하지 않더라도 그 약정은 공동약정이 될 수 있다. 따라서 공동약정의 공동지배력을 보유하는 당사자들(공동영업자들 또는 공동기업 참여자들)과 공동약정에는 참여하지만 공동지배력을 보유하지 않는 당사자들로 구분된다.

정답 18 ① 19 ④ 20 ③ 21 ③

01 ① 관계기업의 손실 중 기업의 지분이 관계기업에 대한 투자지분과 같거나 초과하는 경우, 기업은 관계기업 투자지분 이상의 손실에 대하여 인식을 중지한다. 따라서 관계기업의 투자지분은 영(₩0) 이하로 감소할 수 없다.

② 피투자자의 순자산 변동 중 피투자자의 당기손익에 해당하는 부분은 투자자가 투자자의 몫에 해당하는 금액을 당기손익으로 인식하며, 피투자자의 순자산 변동 중 피투자자의 기타포괄손익에 해당하는 부분은 투자자가 투자자의 몫에 해당하는 금액을 기타포괄손익으로 인식한다.

③ 관계기업의 정의를 충족하지 못하게 되어 지분법 사용을 중단하는 경우로서 종전 관계기업에 대한 잔여 보유 지분이 금융자산이면 기업은 잔여 보유 지분을 공정가치로 측정하고, '잔여 보유 지분의 공정가치와 관계기업에 대한 지분의 일부 처분으로 발생한 대가의 공정가치'와 '지분법을 중단한 시점의 투자자산의 장부금액'의 차이를 당기손익으로 인식한다.

④ 하향거래가 매각대상 또는 출자대상 자산의 순실현가능가치의 감소나 그 자산에 대한 손상차손의 증거를 제공하는 경우 투자자는 그러한 손실을 모두 인식한다.

02 관계기업투자가 공동기업투자로 되거나 공동기업투자가 관계기업투자로 되는 경우, 기업은 지분법을 계속 적용하며 잔여 보유 지분을 재측정하지 않는다.

03 이전에 매각예정으로 분류된 관계기업이나 공동기업에 대한 투자 또는 그 투자의 일부가 더 이상 그 분류기준을 충족하지 않는다면 당초 매각예정으로 분류되었던 시점부터 소급하여 지분법으로 회계처리한다.

04 1. 회계처리

20×1년 초	(차) 관계기업투자	750,000	(대) 토지	750,000
20×1년 말	(차) 관계기업투자	150,000	(대) 지분법이익(NI)[1]	150,000

[1] ₩500,000 × 30% = ₩150,000

2. 20×1년 말 관계기업투자주식: ₩750,000 + ₩150,000 = ₩900,000

05 1. 회계처리

20×1년 초	(차) 관계기업투자	1,000,000	(대) 토지	750,000
			유형자산처분이익	250,000
20×1년 말	(차) 관계기업투자	75,000	(대) 지분법이익(NI)[1]	75,000

[1] (₩500,000 − ₩250,000) × 30% = ₩75,000

2. 20×1년 말 관계기업투자주식: ₩1,000,000 + ₩75,000 = ₩1,075,000

06 1. 회계처리

20×1년 초	(차) 관계기업투자	900,000	(대) 토지	750,000
	현금	100,000	유형자산처분이익	250,000
20×1년 말	(차) 관계기업투자	82,500	(대) 지분법이익(NI)[1]	82,500

[1] (₩500,000 − ₩250,000 × ₩900,000/₩1,000,000) × 30% = ₩82,500

2. 20×1년 말 관계기업투자주식: ₩900,000 + ₩82,500 = ₩982,500

정답 **01** ⑤ **02** ② **03** ③ **04** ① **05** ② **06** ③

07 1. 20×2년 초 당기손익으로 인식할 금액: (1) + (2) + (3) = ₩9,000
   (1) 처분지분 금융자산처분손실: ₩6,500 × 20주 − ₩201,000 × 20%/30% = ₩(4,000)
   (2) 지분법기타포괄손익 재분류조정: ₩15,000
   (3) 보유지분 금융자산처분손실: ₩6,500 × 10주 − ₩201,000 × 10%/30% = ₩(2,000)

2. 20×1년 회계처리

20×1년 초	(차) 관계기업투자	150,000	(대) 현금	150,000
20×1년 말	(차) 관계기업투자	36,000	(대) 지분법이익(NI)[1]	36,000
	(차) 관계기업투자	15,000	(대) 지분법기타포괄이익(OCI)[2]	15,000

[1] ₩120,000 × 30% = ₩36,000
[2] ₩50,000 × 30% = ₩15,000

3. 20×2년 초 회계처리

① 처분지분	(차) 현금	130,000	(대) 관계기업투자[1]	134,000
	금융자산처분손실(NI)	4,000		
② 재분류조정	(차) 지분법기타포괄이익(OCI)	15,000	(대) 금융자산처분이익(NI)[2]	15,000
③ 보유지분	(차) 기타포괄손익-공정가치측정금융자산	65,000	(대) 관계기업투자[3]	67,000
	금융자산처분손실(NI)	2,000		

[1] ₩201,000 × 20%/30% = ₩134,000
[2] 유의적인 영향력을 상실하는 경우에는 ₩15,000 전액을 당기손익으로 인식함
[3] ₩201,000 × 10%/30% = ₩67,000

☀ 객관식 문제풀이에 앞서 각 장의 주요 주제별 중요도를 파악해볼 수 있습니다.
☀ 시험 대비를 위해 꼭 풀어보아야 하는 필수문제를 정리하여 효율적으로 학습할 수 있습니다.

1. 출제경향

주요 주제	중요도
1. 이론형 문제	★★★★★
2. 기능통화에 의한 외화거래의 보고	★★★★★
3. 기능통화가 아닌 표시통화의 사용	★★★★★
4. 해외사업장에 대한 순투자	★★★
5. 해외사업장 외화환산	★★

2. 필수문제 리스트

구분		필수문제 번호
회계사	기본문제	1, 2, 3, 4, 6, 7, 8, 9, 11, 12
	고급문제	1, 3, 4

Chapter 5

환율변동효과

■ 기본문제
■ 고급문제
■ 정답 및 해설

01 환율변동효과에 대한 설명으로 옳지 않은 것은? [2011 세무사 1차]

① 기능통화란 영업활동이 이루어지는 주된 경제 환경의 통화를 말한다.

② 재무제표는 어떠한 통화로도 보고할 수 있으며, 표시통화와 기능통화가 다른 경우에는 경영성과와 재무상태를 기능통화로 환산한다.

③ 외환차이란 특정 통화로 표시된 금액을 변동된 환율을 사용하여 다른 통화로 환산할 때 생기는 차이를 말한다.

④ 기능통화가 초인플레이션 경제의 통화가 아닌 경우 경영성과와 재무상태를 기능통화와 다른 표시통화로 환산하는 방법은 재무상태표의 자산과 부채는 해당 보고기간 말의 마감환율로 환산하며, 포괄손익계산서의 수익과 비용은 해당거래의 환율로 환산한다.

⑤ 화폐성항목이란 보유하는 화폐들과 확정되었거나 결정가능한 화폐단위 수량으로 회수하거나 지급하는 자산·부채를 말한다.

02 환율변동효과에 관한 다음의 설명 중 옳은 것은? [2016 공인회계사 1차]

① 영업활동이 이루어지는 주된 경제 환경의 통화를 기능통화, 재무제표를 표시할 때 사용하는 통화를 표시통화라고 하며, 표시통화 이외의 다른 통화를 외화라고 한다.

② 외화거래를 기능통화로 보고함에 있어서 매 보고기간 말의 화폐성 외화항목은 거래일의 환율로 환산하며, 비화폐성 외화항목은 마감환율로 환산한다.

③ 비화폐성항목에서 발생한 손익을 당기손익으로 인식하는 경우에는 그 손익에 포함된 환율변동효과도 당기손익으로 인식하며, 비화폐성항목에서 발생한 손익을 기타포괄손익으로 인식하는 경우에는 그 손익에 포함된 환율변동효과도 기타포괄손익으로 인식한다.

④ 기능통화의 변경에 따른 효과는 소급법을 적용하여 회계처리한다.

⑤ 보고기업의 해외사업장에 대한 순투자의 일부인 화폐성항목에서 생기는 외환차이는 보고기업의 별도재무제표나 해외사업장의 개별재무제표에서 기타포괄손익으로 인식한다.

03 외화거래와 해외사업장의 운영을 재무제표에 반영하는 방법과 기능통화재무제표를 표시통화로 환산하는 방법에 관한 다음 설명 중 옳지 않은 것은? 단, 기능통화는 초인플레이션 경제의 통화가 아닌 것으로 가정한다.
[2018 공인회계사 1차]

① 기능통화를 표시통화로 환산함에 있어 재무상태표의 자산과 부채는 해당 보고기간 말의 마감환율을 적용한다.

② 기능통화를 표시통화로 환산함에 있어 포괄손익계산서의 수익과 비용은 해당 거래일의 환율을 적용한다.

③ 공정가치로 측정하는 비화폐성 외화항목은 공정가치가 측정된 날의 환율로 환산하며, 이 과정에서 발생하는 외환차이는 당기손익으로 인식한다.

④ 보고기업의 해외사업장에 대한 순투자의 일부인 화폐성항목에서 생기는 외환차이는 보고기업의 별도재무제표나 해외사업장의 개별재무제표에서 당기손익으로 인식한다.

⑤ 해외사업장을 처분하는 경우에 기타포괄손익으로 인식한 해외사업장 관련 외환차이의 누계액은 해외사업장의 처분손익을 인식하는 시점에 자본에서 당기손익으로 재분류한다.

04 ㈜샛별은 통신 및 관측에 사용되는 민간용 인공위성을 제조판매하는 기업이다. 아래 자료를 이용하여 물음에 답하라.

> (가) 인공위성의 제조판매 산업은 단위당 판매금액이 ₩100억 이상이며, 매출순이익률(당기순이익/매출)이 80% 내외가 되는 높은 이익률이 보장된 산업이다.
>
> (나) ㈜샛별이 생산하는 인공위성의 수요자 중 90%는 유럽연합(EU)에 속한 국가의 통신회사이고, 나머지 10%는 미국의 통신회사이다. 따라서 ㈜샛별은 영업활동이 이루어지는 주된 경제 환경인 유럽의 법규와 제품규격에 맞게 제품을 생산하며, 제품의 가격 역시 해당 기준 충족 여부에 따라 차이가 있다.
>
> (다) ㈜샛별의 매매계약서에 표시된 인공위성 제품의 가격은 수요자가 속한 국가의 통화인 유로(€) 또는 달러($)로 표시하고, 제품이 판매되는 거래일의 국제환율을 적용하여 구매자로부터 유럽통화인 유로(€)로 수령하여 보유 관리한다. ㈜샛별이 인공위성을 제조하는 데 필요한 부품의 매입과 제작에 종사하는 근로자의 임금지급 결제통화는 한국통화인 원(₩)이다.

기능통화, 표시통화 및 외화의 정의와 ㈜샛별의 경영환경을 고려하여 자료에서 제시된 통화들을 모두 분류할 때 다음 중 가장 적절한 것은?
[2010 공인회계사 1차]

	기능통화	표시통화	외화
①	원	달러	원, 유로
②	유로	달러	원, 유로
③	유로	원	달러, 원
④	달러	원	원, 유로
⑤	달러	유로	원, 유로

05 해외사업장이 없는 ㈜갑의 기능통화는 원(₩)화이며, 20×1년 말 현재 외화자산·부채와 관련된 자료는 다음과 같다.

계정과목	외화금액	최초인식금액
매출채권	$20	₩22,000
기타포괄손익-공정가치측정금융자산	$50	₩44,000
선급금	$10	₩9,000
매입채무	$30	₩28,000
선수금	$40	₩43,000
차입금	$80	₩85,000

기타포괄손익-공정가치측정금융자산은 지분증권으로 $40에 취득하였고, 20×1년 말 공정가치는 $50이다.

20×1년 말의 마감환율은 $1당 ₩1,000이다. 위 외화자산·부채와 관련하여 발생하는 외환차이가 ㈜갑의 20×1년도 포괄손익계산서의 당기순이익에 미치는 영향은 얼마인가? 단, 위 외화자산·부채에 대해서는 위험회피회계가 적용되지 않으며, 모두 20×1년에 최초로 인식되었고, 법인세효과는 고려하지 않는다.

[2013 공인회계사 1차]

① ₩3,000 감소 　② ₩2,000 감소 　③ ₩1,000 증가
④ ₩2,000 증가 　⑤ ₩3,000 증가

06 기능통화가 원화인 ㈜한국이 20×1년 12월 31일 현재 보유하고 있는 외화표시 자산·부채 내역과 추가정보는 다음과 같다.

계정과목	외화표시금액	최초인식금액
당기손익-공정가치측정금융자산	$30	₩28,500
매출채권	$200	₩197,000
재고자산	$300	₩312,500
선수금	$20	₩19,000

(1) 20×1년 말 현재 마감환율은 ₩1,000/$이다. 위 자산·부채는 모두 20×1년 중에 최초 인식되었으며, 위험회피회계가 적용되지 않는다.
(2) 단기매매증권은 지분증권으로 $25에 취득하였으며, 20×1년 말 공정가치는 $30이다.
(3) 20×1년 말 현재 재고자산의 순실현가능가치는 $310이다.

위 외화표시 자산·부채에 대한 기말평가와 기능통화로의 환산이 ㈜한국의 20×1년도 당기순이익에 미치는 영향(순액)은?

[2017 공인회계사 1차]

① ₩500 증가 　② ₩1,000 증가 　③ ₩2,000 증가
④ ₩3,500 증가 　⑤ ₩4,500 증가

07 원화를 기능통화로 사용하고 있는 ㈜갑은 20×1년 3월 1일 중국에서 생산시설을 확장하기 위하여 토지를 CNY10,000에 취득하였다. ㈜갑은 토지를 회계연도 말의 공정가치로 재평가하고 있으며, 20×1년 말에 토지의 공정가치는 CNY9,500이다. 또한, ㈜갑은 20×1년 10월 1일에 중국 현지공장에서 재고자산을 CNY2,000에 매입하여 기말까지 보유하고 있으며, 이 재고자산의 기말 순실현가능가치는 CNY1,800이다. CNY 대비 원화의 환율은 다음과 같다.

> - 20×1년 3월 1일: CNY1 = ₩100
> - 20×1년 10월 1일: CNY1 = ₩110
> - 20×1년 12월 31일: CNY1 = ₩115

외화표시 토지와 재고자산의 기능통화로의 환산이 ㈜갑의 20×1년도 당기순이익에 미치는 영향은?

[2012 공인회계사 1차]

① ₩79,500 증가   ② ₩74,750 감소   ③ ₩23,000 감소
④ ₩20,000 감소   ⑤ ₩13,000 감소

08 ㈜대한의 기능통화는 원화이다. ㈜대한은 20×1년 7월 1일에 은행으로부터 미화 1,000달러를 1년 만기로 차입하였다. 차입금의 표시이자율은 연 6%이며, 만기시점에 원금과 이자를 일시상환하는 조건이다. 차입기간 중 달러화 대비 원화의 환율변동내역은 다음과 같다.

구분	일자 또는 기간	환율(₩/$)
차입일	20×1. 7. 1.	1,100
평균	20×1. 7. 1. ~ 20×1. 12. 31.	1,080
기말	20×1. 12. 31.	1,050
평균	20×2. 1. 1. ~ 20×2. 6. 30.	1,020
상환일	20×2. 6. 30.	1,000

㈜대한은 20×2년 6월 30일에 외화차입금의 원리금을 모두 상환하였다. ㈜대한의 20×2년도 포괄손익계산서에 당기손익으로 보고되는 외환차이(환율변동손익)는 얼마인가? 단, 이자비용은 월할계산한다.

[2018 공인회계사 1차]

① ₩52,100 손실   ② ₩50,900 손실   ③ ₩50,000 이익
④ ₩50,900 이익   ⑤ ₩52,100 이익

09 20×1년 초에 설립된 ㈜한국의 기능통화는 미국달러화($)이며 표시통화는 원화(₩)이다. ㈜한국의 기능통화로 작성된 20×2년 말 요약재무상태표와 환율변동정보 등은 다음과 같다.

요약재무상태표

㈜한국		20×2. 12. 31. 현재		(단위: $)
자산	2,400	부채		950
		자본금		1,000
		이익잉여금		450
	2,400			2,400

(1) 자본금은 설립 당시의 보통주 발행금액이며 이후 변동은 없다.

(2) 20×1년과 20×2년의 당기순이익은 각각 $150와 $300이며, 수익과 비용은 연중 균등하게 발생하였다.

(3) 20×1년부터 20×2년 말까지의 환율변동정보는 다음과 같다.

구분	기초(₩/$)	평균(₩/$)	기말(₩/$)
20×1년	900	940	960
20×2년	960	980	1,000

(4) 기능통화와 표시통화는 모두 초인플레이션 경제의 통화가 아니며, 위 기간에 환율의 유의한 변동은 없었다.

㈜한국의 표시통화로 환산된 20×2년 말 재무상태표상 환산차이(기타포괄손익누계액)는?

[2017 공인회계사 1차]

① ₩0 ② ₩72,500 ③ ₩90,000
④ ₩115,000 ⑤ ₩122,500

10 ㈜한국은 20×1년 초 미국에 지분 100%를 소유한 해외현지법인 ㈜ABC를 설립하였다. 종속기업인 ㈜ABC의 기능통화는 미국달러화($)이며 지배기업인 ㈜한국의 표시통화는 원화(₩)이다. ㈜ABC의 20×2년 말 요약재무상태표와 환율변동정보 등은 다음과 같다.

<table>
<tr><td colspan="4" align="center">요약재무상태표</td></tr>
<tr><td>㈜ABC</td><td align="right">20×2. 12. 31. 현재</td><td></td><td align="right">(단위: $)</td></tr>
<tr><td>자산</td><td align="right">3,000</td><td>부채</td><td align="right">1,500</td></tr>
<tr><td></td><td></td><td>자본금</td><td align="right">1,000</td></tr>
<tr><td></td><td></td><td>이익잉여금</td><td align="right">500</td></tr>
<tr><td></td><td align="right">3,000</td><td></td><td align="right">3,000</td></tr>
</table>

- 자본금은 설립 당시의 보통주 발행금액이며, 이후 변동은 없다.
- 20×2년의 당기순이익은 $300이며, 수익과 비용은 연중 균등하게 발생하였다. 그 외 기타 자본변동은 없다.
- 20×1년부터 20×2년 말까지의 환율변동정보는 다음과 같다.

	기초(₩/$)	평균(₩/$)	기말(₩/$)
20×1년	800	?	850
20×2년	850	900	1,000

- 기능통화와 표시통화는 모두 초인플레이션 경제의 통화가 아니다. 수익과 비용은 해당 회계기간의 평균환율을 사용하여 환산하며, 설립 이후 기간에 환율의 유의한 변동은 없었다.

20×2년 말 ㈜ABC의 재무제표를 표시통화인 원화로 환산하는 과정에서 대변에 발생한 외환차이가 ₩100,000일 때, 20×1년 말 ㈜ABC의 원화환산 재무제표의 이익잉여금은 얼마인가?

[2020 공인회계사 1차]

① ₩30,000   ② ₩100,000   ③ ₩130,000

④ ₩300,000   ⑤ ₩330,000

11 유럽에서의 사업 확장을 계획중인 ㈜대한(기능통화 및 표시통화는 원화(₩)임)은 20×1년 10월 1일 독일 소재 공장용 토지를 €1,500에 취득하였다. 그러나 탄소 과다배출 가능성 등 환경 이슈로 독일 주무관청으로부터 영업허가를 얻지 못함에 따라 20×2년 6월 30일 해당 토지를 €1,700에 처분하였다. 이와 관련한 추가정보는 다음과 같다.

> - 환율(₩/€) 변동정보
>
> | 일자 | 환율 |
> |---|---|
> | 20×1. 10. 1. | 1,600 |
> | 20×1. 12. 31. | 1,500 |
> | 20×2. 6. 30. | 1,550 |
>
> - 20×1년 12월 31일 현재 ㈜대한이 취득한 토지의 공정가치는 €1,900이다.

상기 토지에 대해 (1) 원가모형과 (2) 재평가모형을 적용하는 경우, ㈜대한이 20×2년 6월 30일 토지 처분 시 인식할 유형자산처분손익은 각각 얼마인가?　　[2022 공인회계사 1차]

	(1) 원가모형	(2) 재평가모형
①	처분이익 ₩165,000	처분손실 ₩185,000
②	처분이익 ₩235,000	처분손실 ₩215,000
③	처분이익 ₩235,000	처분손실 ₩185,000
④	처분이익 ₩385,000	처분손실 ₩215,000
⑤	처분이익 ₩385,000	처분손실 ₩185,000

12 기업회계기준서 제1021호 '환율변동효과'에 대한 다음 설명 중 옳지 않은 것은?

[2023 공인회계사 1차]

① 해외사업장의 취득으로 생기는 영업권과 자산·부채의 장부금액에 대한 공정가치 조정액은 해외사업장의 자산·부채로 본다. 따라서 이러한 영업권과 자산·부채의 장부금액에 대한 공정가치 조정액은 해외사업장의 기능통화로 표시하고 마감환율로 환산한다.

② 기능통화가 초인플레이션 경제의 통화인 경우 모든 금액(즉, 자산, 부채, 자본항목, 수익과 비용. 비교표시되는 금액 포함)을 최근 재무상태표 일자의 마감환율로 환산한다. 다만, 금액을 초인플레이션이 아닌 경제의 통화로 환산하는 경우에 비교표시되는 금액은 전기에 보고한 재무제표의 금액(즉, 전기 이후의 물가수준변동효과나 환율변동효과를 반영하지 않은 금액)으로 한다.

③ 보고기업의 해외사업장에 대한 순투자의 일부인 화폐성항목에서 생기는 외환차이는 보고기업의 별도재무제표나 해외사업장의 개별재무제표 및 보고기업과 해외사업장을 포함하는 재무제표에서 외환차이가 처음 발생되는 시점부터 당기손익으로 인식한다.

④ 기능통화가 변경되는 경우에는 새로운 기능통화에 의한 환산절차를 변경한 날부터 전진적용한다.

⑤ 재무제표를 작성하는 해외사업장이 없는 기업이나 기업회계기준서 제1027호 '별도재무제표'에 따라 별도재무제표를 작성하는 기업은 재무제표를 어떤 통화로도 표시할 수 있다.

13 기업회계기준서 제1021호 '환율변동효과'에 대한 다음 설명 중 옳지 않은 것은?

[2024 공인회계사 1차]

① 해외사업장을 처분하는 경우 기타포괄손익과 별도의 자본항목으로 인식한 해외사업장 관련 외환차이의 누계액은 당기손익으로 재분류하지 않는다.

② 기능통화가 변경되는 경우 변경된 날의 환율을 사용하여 모든 항목을 새로운 기능통화로 환산한다. 비화폐성항목의 경우에는 새로운 기능통화로 환산한 금액이 역사적원가가 된다.

③ 보고기업과 해외사업장의 경영성과와 재무상태를 연결하는 경우, 내부거래에서 생긴 화폐성자산(또는 화폐성부채)과 관련된 환율변동효과는 연결재무제표에서 당기손익으로 인식한다. 다만, 보고기업의 해외사업장에 대한 순투자의 일부인 화폐성 항목에서 생기는 외환차이는 해외사업장이 처분될 때까지 연결재무제표에서 기타포괄손익으로 인식한다.

④ 해외사업장을 포함한 종속기업을 일부 처분 시 기타포괄손익에 인식된 외환차이의 누계액 중 비례적 지분을 그 해외사업장의 비지배지분으로 재귀속시킨다.

⑤ 비화폐성항목에서 생긴 손익을 기타포괄손익으로 인식하는 경우에 그 손익에 포함된 환율변동효과도 기타포괄손익으로 인식한다. 그러나 비화폐성항목에서 생긴 손익을 당기손익으로 인식하는 경우에는 그 손익에 포함된 환율변동효과도 당기손익으로 인식한다.

01 ㈜갑은 20×1년 초에 설립되었으며, 미국달러화(USD)를 기능통화로 사용하여 왔다. 20×3년 초 주된 경제환경의 변화로 인해 ㈜갑은 원화(KRW)를 새로운 기능통화로 결정하였다. 달러화로 측정된 ㈜갑의 20×3년 초 현재 요약재무상태표와 환율정보는 다음과 같다.

요약재무상태표			
㈜갑		20×3년 1월 1일 현재	
자산	$8,400	부채	$5,250
		자본금	$2,000
		이익잉여금	$1,150
자산총계	$8,400	부채 및 자본총계	$8,400

(1) 자본금은 설립 시의 발행금액으로서 설립 후 변동은 없다. 또한 20×1년과 20×2년의 당기순이익은 각각 $450과 $700이다.

(2) ㈜갑의 설립 시부터 20×3년 초까지 환율변동정보는 다음과 같다.

일자	환율(₩/$)
20×1년 초	1,000
20×1년 평균	1,020
20×1년 말 · 20×2년 초	1,050
20×2년 평균	1,080
20×2년 말 · 20×3년 초	1,100

20×3년 초 현재 새로운 기능통화로 환산된 재무상태표상 자본금, 이익잉여금 및 환산차이(기타포괄손익누계액)는 각각 얼마인가?   [2014 공인회계사 1차]

	자본금	이익잉여금	환산차이
①	₩2,200,000	₩1,265,000	₩0
②	₩2,200,000	₩1,215,000	₩50,000
③	₩2,000,000	₩1,265,000	₩185,000
④	₩2,000,000	₩1,242,500	₩222,500
⑤	₩2,000,000	₩1,215,000	₩250,000

02 ㈜대한은 20×0년 말에 상품(취득가액 CNY10,000)을 외상으로 매입하였으나, 동 매입대금을 20×1년 말까지 상환하지 못하고 있다. ㈜대한의 기능통화는 달러화($)이지만 표시통화는 원화 (₩)이며, 환율정보는 다음과 같다.

일자	환율($/CNY)	환율(₩/$)
20×0년 말	0.20	1,000
20×1년 말	0.18	1,200

20×1년 말에 ㈜대한이 재무제표 작성 시 동 외화표시 매입채무를 기능통화 및 표시통화로 환산함에 따라 당기순이익 혹은 기타포괄이익에 미치는 영향을 올바르게 표시한 것은?

[2015 공인회계사 1차 수정]

	기능통화	표시통화
①	당기순이익 $200 감소	당기순이익 ₩160,000 증가
②	당기순이익 $200 증가	당기순이익 ₩160,000 감소
③	당기순이익 $200 증가	기타포괄이익 ₩400,000 감소
④	기타포괄이익 $200 증가	기타포괄이익 ₩160,000 감소
⑤	기타포괄이익 $200 증가	기타포괄이익 ₩400,000 증가

03 20×1년 초에 ㈜갑은 지분 100%를 소유한 해외종속기업 ㈜ABC에 무이자로 $1,000을 대여하였다. ㈜갑의 기능통화와 표시통화는 원화(₩)이고, ㈜ABC의 기능통화는 달러화($)이다. 동 외화대여금은 해외사업장에 대한 순투자의 일부에 해당한다. 20×1년 환율정보는 다음과 같다.

구분	환율(₩/$)
20×1년 초	1,000
20×1년 말	1,100
20×1년 평균	1,050

20×1년도에 동 외화대여금과 관련된 회계처리(연결절차 포함)는 모두 적절히 수행되었다. ㈜갑이 작성하는 20×1년 말 연결재무상태표상 외화대여금의 잔액과 동 회계처리가 20×1년도 연결포괄손익계산서상 기타포괄이익에 미치는 영향은 각각 얼마인가? 단, 20×1년 초 연결재무상태표상 외화대여금 잔액은 ₩0이고, 동 외화대여거래 이외에 다른 거래는 없었다.

[2015 공인회계사 1차]

	외화대여금의 잔액	기타포괄이익에 미치는 영향
①	₩0	₩100,000 증가
②	₩0	영향 없음
③	₩1,000,000	영향 없음
④	₩1,100,000	영향 없음
⑤	₩1,100,000	₩100,000 증가

04 ㈜대한(기능통화와 표시통화는 원화(₩))은 20×1년 1월 1일에 일본소재 기업인 ㈜동경(기능통화는 엔화(¥))의 보통주 80%를 ¥80,000에 취득하여 지배력을 획득하였다. 지배력 획득일 현재 ㈜동경의 순자산장부금액과 공정가치는 ¥90,000으로 동일하다. ㈜동경의 20×1년도 당기순이익은 ¥10,000이며 수익과 비용은 연중 균등하게 발생하였다. 20×1년 말 ㈜동경의 재무제표를 표시통화인 원화로 환산하는 과정에서 대변에 발생한 외환차이는 ₩19,000이다. ㈜동경은 종속회사가 없으며, 20×1년의 환율정보는 다음과 같다.

		(환율: ₩/¥)
20×1년 1월 1일	20×1년 12월 31일	20×1년 평균
10.0	10.2	10.1

㈜대한은 ㈜동경 이외의 종속회사는 없으며 지배력 획득일 이후 ㈜대한과 ㈜동경 간의 내부거래는 없다. 기능통화와 표시통화는 초인플레이션 경제의 통화가 아니며, 위 기간에 환율의 유의한 변동은 없었다. 20×1년 말 ㈜대한의 연결재무상태표상 영업권 금액과 비지배지분 금액은 각각 얼마인가? 단, 연결재무제표 작성 시 비지배지분은 종속기업의 식별가능한 순자산공정가치에 비례하여 결정한다.

	영업권	비지배지분
①	₩80,000	₩190,000
②	₩80,800	₩204,000
③	₩81,600	₩204,000
④	₩81,600	₩206,000
⑤	₩82,000	₩206,000

※ 다음은 **05 ~ 06**과 관련된 자료이다. 다음 자료를 읽고 문제에 답하시오.

A회사는 20×1년 1월 1일 B회사의 의결권이 있는 보통주 60%를 $500에 취득하였다. B회사 취득 시 B회사의 순자산의 장부금액은 $800(자본금 $600, 이익잉여금 $200)이며, 순자산의 장부금액과 공정가치는 일치하였다. 회사는 비지배지분에 대한 영업권을 인식하지 않는다고 가정한다.

(1) 한국의 A회사와 미국의 B회사의 20×1년 12월 31일 현재의 재무상태표와 20×1년의 포괄손익계산서는 다음과 같다.

재무상태표
20×1년 12월 31일 현재

자산	A회사	B회사	부채 및 자본	A회사	B회사
현금및현금성자산	₩400,000	$200	매입채무	₩550,000	$800
매출채권	₩600,000	$600	장기차입금	₩1,000,000	$200
재고자산	₩600,000	$400	자본금	₩2,000,000	$600
장기대여금	₩160,000		이익잉여금	₩560,000	$400
B회사투자주식	₩350,000				
토지	₩2,000,000	$800			
	₩4,110,000	$2,000		₩4,110,000	$2,000

포괄손익계산서
20×1년 1월 1일부터 20×1년 12월 31일까지

	A회사	B회사
매출액	₩3,000,000	$1,400
매출원가	₩(2,800,000)	$(1,200)
매출총이익	₩200,000	$200
외화환산이익	₩20,000	
기타수익	₩78,800	$200
기타비용	₩(40,000)	$(200)
당기순이익	₩258,800	$200

(2) A회사는 20×1년 1월 1일에 B회사에 $200를 장기대여하였는데, 이는 예측할 수 있는 미래에 결제될 가능성이 없으며, 포괄손익계산서에 계상된 외화환산이익 ₩20,000은 이 장기대여금에 대한 것이다.

(3) B회사의 토지는 회사설립일에 취득한 것이다.

(4) 20×1년에 A회사는 B회사에 상품 $400(매출총이익률 20%)을 판매하였으며 B회사의 기말재고에는 A회사에서 매입한 상품 $200이 포함되어 있다.

(5) 매출, 매입, 기타수익, 기타비용은 연간 균등하게 발생하였다.

(6) 20×1년의 환율은 다음과 같고 법인세효과는 무시한다.
• 1월 1일: ₩700   • 평균환율: ₩750   • 12월 31일: ₩800

05 20×1년 말 A회사의 연결재무상태표상 영업권 금액은 얼마인가?

① ₩14,000 ② ₩16,000 ③ ₩18,000

④ ₩20,000 ⑤ ₩22,000

06 20×1년 말 A회사의 연결재무상태표상 비지배지분 금액은 얼마인가?

① ₩224,000 ② ₩284,000 ③ ₩320,000

④ ₩344,000 ⑤ ₩360,000

07 ㈜대한은 20×1년 초 설립된 해운기업이다. 우리나라에 본사를 두고 있는 ㈜대한의 표시통화는 원화(₩)이나, 해상운송을 주된 영업활동으로 하고 있어 기능통화는 미국달러화($)이다. 기능통화로 표시된 ㈜대한의 20×1년 및 20×2년 요약 재무정보(시산표)와 관련 정보는 다음과 같다.

> • ㈜대한의 20×1년 및 20×2년 요약 재무정보(시산표)
>
> | 계정과목 | 20×1년 차변 | 20×1년 대변 | 20×2년 차변 | 20×2년 대변 |
> |---|---|---|---|---|
> | 자산 | $3,000 | | $4,000 | |
> | 부채 | | $1,500 | | $2,300 |
> | 자본금 | | $1,000 | | $1,000 |
> | 이익잉여금 | | – | | $500 |
> | 수익 | | $2,500 | | $3,000 |
> | 비용 | $2,000 | | $2,800 | |
> | 합계 | $5,000 | $5,000 | $6,800 | $6,800 |
>
> • 20×1년 및 20×2년 환율(₩/$) 변동정보
>
> | 구분 | 기초 | 연평균 | 기말 |
> |---|---|---|---|
> | 20×1년 | 1,000 | 1,100 | 1,200 |
> | 20×2년 | 1,200 | 1,150 | 1,100 |
>
> • 기능통화와 표시통화는 모두 초인플레이션 경제의 통화가 아니며, 설립 이후 환율에 유의적인 변동은 없었다.
> • 수익과 비용은 해당 회계기간의 연평균환율을 사용하여 환산한다.

㈜대한의 20×1년도 및 20×2년도 원화(₩) 표시 포괄손익계산서상 총포괄이익은 각각 얼마인가?

[2022 공인회계사 1차]

	20×1년	20×2년		20×1년	20×2년
①	₩600,000	₩120,000	②	₩600,000	₩320,000
③	₩800,000	₩70,000	④	₩800,000	₩120,000
⑤	₩800,000	₩320,000			

08 ㈜대한은 20×1년 1월 1일에 설립되었다. ㈜대한의 표시통화는 원화(₩)이나, 기능통화는 미국 달러화($)이다. 기능통화로 표시된 ㈜대한의 20×1년 요약재무정보는 다음과 같다.

㈜대한의 20×1년 요약재무정보(시산표)		
계정과목	차변	대변
자산	$7,000	
부채		$4,500
자본금		$1,500
이익잉여금		–
수익		$4,000
비용	$3,000	
합계	$10,000	$10,000

- ㈜대한은 20×1년 중에 유럽의 회사에 수출을 하고 대금을 20×2년에 유로화(€)로 받기로 했다. 수출대금은 €300이었고, ㈜대한은 수출 시 이를 미국달러화($)로 환산하여 장부에 기록하고 20×1년 말에 환산하지 않았다. 수출 시 환율($/€)은 1.2였기 때문에, 위의 요약정보에는 동 수출관련 매출채권이 자산에 $360로 기록되어 있다.
- 20×1년 환율(₩/$, $/€) 변동정보

구분	20×1. 1. 1.	연평균	20×1. 12. 31.
₩/$	1,300	1,340	1,400
$/€	1.3	1.2	1.1

- 기능통화와 표시통화는 모두 초인플레이션 경제의 통화가 아니며, 설립 이후 환율에 유의적인 변동은 없었다.
- 수익과 비용은 해당 회계기간의 연평균환율을 사용하여 환산한다.

㈜대한의 20×1년도 원화(₩) 표시 포괄손익계산서상 총포괄이익은 얼마인가? 단, 위에 제시된 자료 외에 총포괄이익에 영향을 미치는 항목은 없다. [2024 공인회계사 1차]

① ₩1,106,000 ② ₩1,165,000 ③ ₩1,340,000
④ ₩1,358,000 ⑤ ₩1,508,000

01 보고기업에 속해 있는 개별기업의 경영성과와 재무상태는 보고기업이 재무제표를 보고하는 통화로 환산한다. 보고기업은 어떤 통화든지 표시통화로 사용할 수 있다. 보고기업에 속해 있는 각 기업의 기능통화가 보고기업의 표시통화와 다른 경우에는 그 경영성과와 재무상태를 표시통화로 환산하여야 한다.

02 ① 영업활동이 이루어지는 주된 경제 환경의 통화를 기능통화, 재무제표를 표시할 때 사용하는 통화를 표시통화라고 하며, 기능통화 이외의 다른 통화를 외화라고 한다.
② 외화거래를 기능통화로 보고함에 있어서 매 보고기간 말의 화폐성 외화항목은 마감환율로 환산하며, 비화폐성 외화항목의 경우 역사적 원가로 측정하는 비화폐성 외화항목은 거래일의 환율로 환산하며, 공정가치로 측정하는 비화폐성 외화항목은 공정가치가 측정된 날의 환율로 환산한다.
④ 기능통화가 변경되는 경우에는 새로운 기능통화에 의한 환산절차를 변경한 날부터 전진적용한다.
⑤ 보고기업의 해외사업장에 대한 순투자의 일부인 화폐성항목에서 생기는 외환차이는 보고기업의 별도재무제표나 해외사업장의 개별재무제표에서 당기손익으로 적절하게 인식한다. 그러나 보고기업과 해외사업장을 포함하는 재무제표(예 연결재무제표)에서는 이러한 외환차이를 처음부터 기타포괄손익으로 인식하고 관련 순투자의 처분시점에 자본에서 당기손익으로 재분류한다.

03 공정가치로 측정하는 비화폐성 외화항목은 공정가치가 측정된 날의 환율로 환산하며, 이 과정에서 발생하는 외환차이는 당기손익 또는 기타포괄손익으로 인식한다.

04 1. 기능통화: 영업활동이 이루어지는 주된 경제환경의 통화를 말하므로 기능통화는 유로화가 된다.

2. 표시통화: 재무제표를 작성하는 데 사용되는 통화이므로 표시통화는 원화가 된다.

3. 외화: 기능통화 이외의 통화를 말한다. 따라서 외화는 달러화와 원화가 된다.

05

계정과목	계산근거	외화환산손익
매출채권	$20 × ₩1,000 − ₩22,000 =	₩(2,000) 손실
매입채무	$30 × ₩1,000 − ₩28,000 =	₩(2,000) 손실
차입금	$80 × ₩1,000 − ₩85,000 =	₩5,000 이익
합계		₩1,000 이익

해설
1. 비화폐성항목 중 선급금과 선수금은 역사적 원가로 평가하는 항목으로 역사적 환율을 적용하므로 외화환산손익은 발생하지 않는다.

2. 공정가치로 측정하는 비화폐성항목인 기타포괄손익-공정가치측정금융자산은 공정가치가 측정된 날의 현행환율을 적용하여 환산하며, 비화폐성항목에서 생긴 손익을 기타포괄손익으로 인식하는 경우에 그 손익에 포함된 환율변동효과도 기타포괄손익으로 인식하므로 당기손익에 미치는 영향은 없다.

계정과목	계산근거	외화환산손익
당기손익-공정가치측정금융자산	$30 × ₩1,000 − ₩28,500 =	₩1,500 이익
매출채권	$200 × ₩1,000 − ₩197,000 =	₩3,000 이익
재고자산	₩312,500 − Min[₩312,500, $310 × ₩1,000] =	₩(2,500) 손실
합계		₩2,000 이익

해설

1. 비화폐성항목 중 선수금은 역사적 원가로 평가하는 항목으로 역사적 환율을 적용하므로 외화환산손익은 발생하지 않는다.

2. 공정가치로 측정하는 비화폐성항목인 당기손익-공정가치측정금융자산은 공정가치가 측정된 날의 현행환율을 적용하여 환산하며, 비화폐성항목에서 생긴 손익을 당기손익으로 인식하는 경우에 그 손익에 포함된 환율변동효과도 당기손익으로 인식한다.

3. 둘 이상의 금액을 비교하여 장부금액이 결정되는 항목이 있다. 예를 들어, 재고자산의 장부금액은 K-IFRS 제1002호 재고자산에 따라 취득원가와 순실현가능가치 중에서 작은 금액으로 한다. 이러한 자산이 비화폐성항목이고 외화로 측정되는 경우에는 다음의 두 가지를 비교하여 장부금액을 결정한다.
   ① 그 금액이 결정된 날의 환율(즉, 역사적 원가로 측정한 항목의 경우 거래일의 환율)로 적절하게 환산한 취득원가나 장부금액
   ② 그 가치가 결정된 날의 환율(예 보고기간 말의 마감환율)로 적절하게 환산한 순실현가능가치나 회수가능액

1. 재고자산: 둘 이상의 금액을 비교하여 장부금액이 결정되는 항목이 비화폐성항목이고 외화로 측정되는 경우에는 다음의 두 가지를 비교하여 장부금액을 결정한다.
   ① 재고자산 금액이 결정된 날의 환율로 적절하게 환산한 취득원가나 장부금액: CNY2,000 × ₩110 = ₩220,000
   ② 보고기간 말의 결산환율로 적절하게 환산한 순실현가능가치: CNY1,800 × ₩115 = ₩207,000
   ∴ Min[① CNY2,000 × ₩110 = ₩220,000, ② CNY1,800 × ₩115 = ₩207,000] = ₩207,000
   ③ 재고자산평가손실: CNY1,800 × ₩115 − CNY2,000 × ₩110 = ₩(13,000)(당기손실)

2. 참고로, 토지의 재평가에 의하여 기타포괄손익에 미치는 영향을 나타내면 다음과 같다.
   토지: CNY9,500 × ₩115 − CNY10,000 × ₩100 = ₩92,500(기타포괄이익)

해설
외화항목에 대한 환율변동으로 인한 손익, 즉 외환차이는 다음과 같이 처리한다.
(1) 화폐성항목: 화폐성항목에서 발생하는 외환차이는 외환차이가 발생한 보고기간의 당기손익으로 인식한다.
(2) 역사적 원가 측정대상 비화폐성항목: 외환차이가 발생하지 않는다.
(3) 공정가치 측정대상 비화폐성항목: 비화폐성항목에서 생긴 손익을 기타포괄손익으로 인식하는 경우에 그 손익에 포함된 환율변동효과도 기타포괄손익으로 인식한다. 그러나 비화폐성항목에서 생긴 손익을 당기손익으로 인식하는 경우에 그 손익에 포함된 환율변동효과도 당기손익으로 인식한다.

08

1. 회계처리

20×1. 7. 1.	(차) 현금[1]	1,100,000	(대) 차입금	1,100,000
20×1. 12. 31.	(차) 이자비용[2]	32,400	(대) 미지급이자[3]	31,500
			외화환산이익	900
	(차) 차입금[4]	50,000	(대) 외화환산이익	50,000
20×2. 6. 30.	(차) 이자비용[5]	30,600	(대) 현금[6]	60,000
	미지급이자	31,500	외환차익	2,100
	(차) 차입금[7]	1,050,000	(대) 현금[8]	1,000,000
			외환차익	50,000

[1] $\$1,000 \times ₩1,100 = ₩1,100,000$
[2] $\$1,000 \times 6\% \times 6/12 \times ₩1,080 = ₩32,400$
[3] $\$1,000 \times 6\% \times 6/12 \times ₩1,050 = ₩31,500$
[4] $\$1,000 \times (₩1,050 - ₩1,100) = ₩(50,000)$
[5] $\$1,000 \times 6\% \times 6/12 \times ₩1,020 = ₩30,600$
[6] $\$1,000 \times 6\% \times ₩1,000 = ₩60,000$
[7] $\$1,000 \times ₩1,050 = ₩1,050,000$
[8] $\$1,000 \times ₩1,000 = ₩1,000,000$

2. 20×2년도 당기손익으로 보고되는 외환차이(환율변동손익): ₩2,100 + ₩50,000 = ₩52,100

09 1. 포괄손익계산서

포괄손익계산서

	외화($)	환율	원화(₩)
당기순이익	300	980	294,000
해외사업환산이익			115,000
총포괄이익			409,000

2. 재무상태표

재무상태표

	외화($)	환율	원화(₩)
자산	2,400	1,000	2,400,000
	2,400		2,400,000
부채	950	1,000	950,000
자본금	1,000	900	900,000
기초이익잉여금(×1)	150	940	141,000
이익잉여금(당기순이익)	300	980	294,000
해외사업환산이익		대차차액	115,000
	2,400		2,400,000

3. 해외사업환산이익: ₩115,000

별해

재무상태표

순자산 = ($2,400 - $950) × ₩1,000 = ₩1,450,000	자본금 = $1,000 × ₩900 = ₩900,000
	기초이익잉여금 = $150 × ₩940 = ₩141,000
	당기순이익 = $300 × ₩980 = ₩294,000
	해외사업환산이익 = ₩115,000

10 1. 20×1년 평균환율을 x라고 하면,

재무상태표

순자산 = ($3,000 − $1,500) × ₩1,000 = ₩1,500,000	자본금 = $1,000 × ₩800 = ₩800,000
	기초이익잉여금 = $200 × x
	당기순이익 = $300 × ₩900 = ₩270,000
	해외사업환산이익 = ₩100,000

∴ 20×1년 평균환율(x) = ₩1,650/$

2. 20×1년 말 이익잉여금 = $200 × ₩1,650 = ₩330,000

11 1. 원가모형
  (1) 유형자산처분손익
    ① 처분대가: €1,700 × ₩1,550 =   ₩2,635,000
    ② 장부금액: €1,500 × ₩1,600 =   ₩(2,400,000)
    ③ 유형자산처분이익   ₩235,000
  (2) 회계처리

20×2. 6. 30.	(차) 현금	2,635,000	(대) 토지	2,400,000
			유형자산처분이익	235,000

2. 재평가모형
  (1) 유형자산처분손익
    ① 처분대가: €1,700 × ₩1,550 =   ₩2,635,000
    ② 장부금액: €1,900 × ₩1,500 =   ₩(2,850,000)
    ③ 유형자산처분손실   ₩(215,000)
  (2) 회계처리

20×2. 3. 1.	(차) 현금	2,635,000	(대) 토지	2,850,000
	유형자산처분손실	215,000		

12 보고기업의 해외사업장에 대한 순투자의 일부인 화폐성항목에서 생기는 외환차이는 보고기업의 별도재무제표나 해외사업장의 개별재무제표에서 당기손익으로 적절하게 인식한다. 그러나 보고기업과 해외사업장을 포함하는 재무제표(예: 해외사업장이 종속기업인 경우의 연결재무제표)에서는 이러한 외환차이를 처음부터 기타포괄손익으로 인식하고 관련 순투자의 처분시점에 자본에서 당기손익으로 재분류한다.

13 해외사업장을 처분하는 경우 기타포괄손익과 별도의 자본항목으로 인식한 해외사업장 관련 외환차이의 누계액은 당기손익으로 재분류한다.

01 1. 자본금: $2,000 × ₩1,100 = ₩2,200,000

2. 이익잉여금: $1,150 × ₩1,100 = ₩1,265,000

3. 환산차이(기타포괄손익누계액): ₩0

해설
1.
<table>
<tr><td colspan="4" align="center">요약재무상태표</td></tr>
<tr><td>㈜갑</td><td colspan="3" align="center">20×3년 1월 1일 현재</td></tr>
<tr><td>자산</td><td>$8,400 × ₩1,100 = ₩9,240,000</td><td>부채
자본금
이익잉여금</td><td>$5,250 × ₩1,100 = ₩5,775,000
$2,000 × ₩1,100 = ₩2,200,000
$1,150 × ₩1,100 = ₩1,265,000</td></tr>
<tr><td>자산총계</td><td>₩9,240,000</td><td>부채 및 자본총계</td><td>₩9,240,000</td></tr>
</table>

2. 기능통화의 변경에 따른 효과는 전진적용하여 회계처리한다. 즉, 기능통화가 변경된 날의 환율을 사용하여 모든 항목을 새로운 기능통화로 환산한다. 비화폐성항목의 경우에는 새로운 기능통화로 환산한 금액이 역사적 원가가 된다. 이전에 기타포괄손익으로 인식한 해외사업장의 환산에서 생긴 외환차이는 해외사업장을 처분할 때 자본에서 당기손익으로 재분류한다.

02 1. 매입채무의 기능통화 환산: CNY10,000 × ($0.18 − $0.20) = $200(당기순이익 증가)

2. 매입채무의 표시통화 환산: $1,800 × ₩1,200 − $2,000 × ₩1,000 = ₩(160,000)(총포괄손익 감소)

3. 재무제표 환산 시 매입채무의 기타포괄손익 효과
총포괄손익 ₩(160,000) = 당기순이익 ₩240,000(= $200 × ₩1,200) + 기타포괄손익 x
∴ x = ₩(400,000)(기타포괄손익 감소)

03 1. ㈜갑이 수행할 회계처리

20×1. 1. 1.	(차) 대여금[1]	1,000,000	(대) 현금	1,000,000
20×1. 12. 31.	(차) 대여금[2]	100,000	(대) 외화환산이익(NI)	100,000

[1] $1,000 × ₩1,000 = ₩1,000,000
[2] $1,000 × (₩1,100 − ₩1,000) = ₩100,000

2. ㈜ABC가 수행할 회계처리

20×1. 1. 1.	(차) 현금	$1,000	(대) 차입금	$1,000
20×1. 12. 31.			N/A	

3. 연결조정분개

20×1. 12. 31.	(차) 차입금[1]	1,100,000	(대) 대여금	1,100,000
	(차) 외화환산이익(NI)	100,000	(대) 해외사업환산이익(OCI)	100,000

[1] $1,000 × ₩1,100 = ₩1,100,000

4. 외화대여금 잔액: ₩0

5. 기타포괄이익에 미치는 영향: $1,000 × (₩1,100 − ₩1,000) = ₩100,000 증가

해설
1. 지배기업이 보유한 대여금과 종속기업이 보유한 차입금은 연결재무제표 작성 시 상계제거된다.

2. 보고기업의 해외사업장에 대한 순투자의 일부인 화폐성항목에서 생기는 외환차이는 보고기업의 별도재무제표나 해외사업장의 개별재무제표에서 당기손익으로 적절하게 인식한다. 그러나 해외사업장이 종속기업인 경우의 연결재무제표에서 이러한 외환차이를 처음부터 기타포괄손익으로 인식하고 관련 해외사업장에 대한 순투자의 처분시점에 자본에서 당기손익으로 재분류한다.

정답 **01** ① **02** ③ **03** ①

04 1. 영업권: ₩81,600

    (1) 20×1년 초 영업권: (¥80,000 − ¥90,000 × 80%) × ₩10/¥ = ₩80,000

    (2) 20×1년 말 영업권: (¥80,000 − ¥90,000 × 80%) × ₩10.2/¥ = ₩81,600

2. 비지배지분: (1) + (2) + (3) = ₩204,000

    (1) 지배력 획득일 현재 비지배지분: ¥90,000 × 20% × ₩10/¥ = ₩180,000

    (2) 20×1년도 당기순이익에 대한 비지배지분: ¥10,000 × 20% × ₩10.1/¥ = ₩20,200

    (3) 20×1년 해외사업환산손익에 대한 비지배지분: ₩19,000 × 20% = ₩3,800

3. 해외사업장의 취득으로 발생하는 영업권과 자산·부채의 장부금액에 대한 공정가치 조정액은 해외사업장의 자산·부채로 본다. 따라서 이러한 영업권과 자산·부채의 장부금액에 대한 공정가치 조정액은 해외사업장의 기능통화로 표시하고 마감환율로 환산한다.

> 📝 **저자 견해 영업권의 환산에서 발생하는 해외사업환산손익**
>
> 영업권을 마감환율로 환산함에 따라 연결재무제표를 작성하는 과정에서 발생하는 해외사업환산이익은 종속기업의 순자산의 증가 또는 감소와 무관하며, 지배기업이 종속기업을 취득할 때 추가로 지급한 금액이므로 지배기업에 전액 귀속시켜야 한다. 따라서 저자는 영업권의 환산에서 발생하는 해외사업환산손익은 지배기업소유주 귀속분과 비지배지분으로 구분하지 않고 전액 지배기업에 귀속시켜야 한다는 견해를 가지고 있다.

05 ($500 − $800 × 60%) × ₩800 = ₩16,000

06 20×1년 말 A회사의 연결재무상태표상 비지배지분: (1) + (2) + (3) = ₩320,000

    (1) 지배력 획득일 현재 비지배지분: ($600 × ₩700 + $200 × ₩700) × 40% = ₩224,000

    (2) 20×1년도 당기순이익에 대한 비지배지분: $200 × ₩750 × 40% = ₩60,000

    (3) 20×1년도 해외사업환산손익에 대한 비지배지분: ₩90,000 × 40% = ₩36,000

해설

1. 포괄손익계산서

<table>
<tr><th colspan="4" align="center">포괄손익계산서</th></tr>
<tr><th></th><th>외화($)</th><th>환율</th><th>원화(₩)</th></tr>
<tr><td>매출액</td><td>1,400</td><td>750</td><td>1,050,000</td></tr>
<tr><td>매출원가</td><td>(1,200)</td><td>750</td><td>(900,000)</td></tr>
<tr><td>매출총이익</td><td>200</td><td></td><td>150,000</td></tr>
<tr><td>기타수익</td><td>200</td><td>750</td><td>150,000</td></tr>
<tr><td>기타비용</td><td>(200)</td><td>750</td><td>(150,000)</td></tr>
<tr><td>당기순이익</td><td>200</td><td></td><td>150,000</td></tr>
<tr><td>해외사업환산이익</td><td></td><td></td><td>90,000</td></tr>
<tr><td>총포괄이익</td><td></td><td></td><td>240,000</td></tr>
</table>

정답 **04** ③   **05** ②   **06** ③

2. 재무상태표

<table>
<tr><td colspan="7" align="center">재무상태표</td></tr>
<tr><td></td><td colspan="2" align="center">외화($)</td><td colspan="2" align="center">환율</td><td colspan="2" align="center">원화(₩)</td></tr>
<tr><td>현금및현금성자산</td><td colspan="2">200</td><td colspan="2">800</td><td colspan="2">160,000</td></tr>
<tr><td>매출채권</td><td colspan="2">600</td><td colspan="2">800</td><td colspan="2">480,000</td></tr>
<tr><td>재고자산</td><td colspan="2">400</td><td colspan="2">800</td><td colspan="2">320,000</td></tr>
<tr><td>토지</td><td colspan="2">800</td><td colspan="2">800</td><td colspan="2">640,000</td></tr>
<tr><td></td><td colspan="2">2,000</td><td colspan="2"></td><td colspan="2">1,600,000</td></tr>
<tr><td>매입채무</td><td colspan="2">800</td><td colspan="2">800</td><td colspan="2">640,000</td></tr>
<tr><td>장기차입금</td><td colspan="2">200</td><td colspan="2">800</td><td colspan="2">160,000</td></tr>
<tr><td>자본금</td><td colspan="2">600</td><td colspan="2">700</td><td colspan="2">420,000</td></tr>
<tr><td>기초이익잉여금(×1년 초)</td><td colspan="2">200</td><td colspan="2">700</td><td colspan="2">140,000</td></tr>
<tr><td>이익잉여금(당기순이익)</td><td colspan="2">200</td><td colspan="2">750</td><td colspan="2">150,000</td></tr>
<tr><td>해외사업환산이익</td><td colspan="2"></td><td colspan="2">대차차액</td><td colspan="2">90,000</td></tr>
<tr><td></td><td colspan="2">8,000</td><td colspan="2"></td><td colspan="2">1,600,000</td></tr>
</table>

3. 20×1. 12. 31. 연결조정분개
[투자주식과 자본계정의 상계제거]

① 취득시점의 투자·자본 상계	(차) 자본금(B)	420,000	(대) 투자주식	350,000
	이익잉여금(B)[1]	140,000	비지배지분[3]	224,000
	영업권[2]	14,000		

[1] 20×1년 초 이익잉여금
[2] 영업권: ($500 − $800 × 60%) × ₩700 = ₩14,000
[3] 비지배지분: (₩420,000 + ₩140,000) × 40% = ₩224,000

② 영업권의 환산	(차) 영업권[1]	2,000	(대) 해외사업환산이익(OCI)	2,000

[1] ($500 − $800 × 60%) × (₩800 − ₩700) = ₩2,000

> **📝 저자 견해 영업권의 환산에서 발생하는 해외사업환산손익**
>
> 영업권을 마감환율로 환산함에 따라 연결재무제표를 작성하는 과정에서 발생하는 해외사업환산이익은 종속기업의 순자산의 증가 또는 감소와 무관하며, 지배기업이 종속기업을 취득할 때 추가로 지급한 금액이므로 지배기업에 전액 귀속시켜야 한다. 따라서 저자는 영업권의 환산에서 발생하는 해외사업환산손익은 지배기업소유주 귀속분과 비지배지분으로 구분하지 않고 전액 지배기업에 귀속시켜야 한다는 견해를 가지고 있다.

[채권·채무 상계제거]

③ 채권·채무 상계제거	(차) 장기차입금	160,000	(대) 장기대여금	160,000
	(차) 외화환산이익(NI)[1]	20,000	(대) 해외사업환산이익(OCI)	20,000

[1] 해외사업장에 대한 순투자의 일부인 화폐성항목에서 발생하는 외환차이는 연결재무제표상 기타포괄손익으로 대체해야 함

[내부거래제거]

④ 당기 미실현손익 제거(하향)	(차) 매출[1]	300,000	(대) 매출원가	300,000
	(차) 매출원가[2]	30,000	(대) 재고자산[3]	32,000
	해외사업환산이익(OCI)[4]	2,000		

[1] $400 × ₩750 = ₩300,000
[2] $200 × 20% × ₩750(평균환율) = ₩30,000(하향거래)
[3] $200 × 20% × ₩800(마감환율) = ₩32,000(하향거래)
[4] 하향거래와 관련된 해외사업환산이익이므로 전액 지배기업에 귀속시킴

> ✍ **저자 견해 내부거래의 환율 적용**
>
> 재고자산의 내부거래에 따른 미실현손익을 제거할 때 종속기업의 재고자산은 마감환율을 적용하며, 매출액과 매출원가에 대해서는 거래일의 환율(또는 평균환율)을 적용해야 한다. 이러한 환율적용의 차이가 발생함에 따라 재고자산과 매출원가의 당기 미실현손익을 제거하면 상계 후에 잔액이 남게 되며 이를 해외사업환산이익(기타포괄손익)으로 인식하도록 문제의 해답을 제시하였다. K-IFRS에 해외종속기업의 연결과 관련하여 내부거래의 환율적용에 대한 명시적 규정이 없으므로 다양한 의견이 있을 수 있다고 판단된다. 참고로 US - GAAP(미국회계기준)에서는 해외종속기업의 연결과정에서 발생하는 내부거래의 미실현손익은 해당 내부거래가 발생한 시점의 환율(또는 평균환율과 같은 근사치 사용)을 기준으로 내부거래를 제거하도록 규정하고 있다. 만약 문제에 이와 같은 언급이 명시된다면 [④ 당기 미실현손익 제거(하향)]의 연결조정분개는 다음과 같다.
>
> | (차) 매출[1] | 300,000 | (대) 매출원가 | 300,000 |
> |---|---|---|---|
> | (차) 매출원가[2] | 30,000 | (대) 재고자산[3] | 30,000 |
>
> [1] $400 × ₩750(평균환율) = ₩300,000
> [2] $200 × 20% × ₩750(평균환율) = ₩30,000(하향거래)
> [3] $200 × 20% × ₩750(평균환율) = ₩30,000(하향거래)

[비지배지분순이익 계상]

⑤ 비지배지분순이익 계상	(차) 이익잉여금	60,000	(대) 비지배지분[1]	60,000
⑥ 비지배기타포괄이익 계상	(차) 해외사업환산이익(자본)	36,000	(대) 비지배지분[2]	36,000

[1] ₩150,000 × 40% = ₩60,000
[2] ₩90,000 × 40% = ₩36,000

4. 연결재무상태표

연결재무상태표
20×1년 12월 31일 현재 (단위: ₩)

현금및현금성자산	560,000	매입채무	1,190,000
매출채권	1,080,000	장기차입금	1,000,000
재고자산	888,000	자본	
토지	2,640,000	지배기업소유주 귀속	
영업권	16,000	자본금	2,000,000
		이익잉여금	600,000
		해외사업환산이익	74,000
		비지배지분	320,000
	5,184,000		5,184,000

5. 연결포괄손익계산서

연결포괄손익계산서
20×1년 1월 1일부터 20×1년 12월 31일까지 (단위: ₩)

매출액	3,750,000
매출원가	(3,430,000)
매출총이익	320,000
기타수익	228,800
기타비용	(190,000)
당기순이익	358,800
기타포괄손익	
해외사업환산이익[1]	110,000
총포괄이익	468,800
당기순이익의 귀속	
지배기업소유주	298,800
비지배지분	60,000
총포괄손익의 귀속	
지배기업소유주	372,800
비지배지분	96,000

[1] 종속기업의 해외사업환산이익 ₩90,000 + 영업권의 환산 ₩2,000 − 내부거래(하향)의 환산 ₩2,000 + 해외사업장에 대한 순투자 ₩20,000= ₩110,000

6. 연결당기순이익과 연결총포괄이익의 귀속은 다음과 같이 계산된 것이다.
   (1) 연결당기순이익

비지배지분 귀속분: ₩150,000 × 40% =	₩60,000
지배기업소유주 귀속분: ₩358,800 − ₩60,000 =	₩298,800
연결당기순이익	₩358,800

   (2) 연결총포괄이익

비지배지분 귀속분: ₩60,000 + ₩90,000 × 40% =	₩96,000
지배기업소유주 귀속분: ₩468,800 − ₩96,000 =	₩372,800
연결총포괄이익	₩468,800

07 1. 20×1년도 포괄손익계산서

포괄손익계산서

	외화($)	환율	원화(₩)
당기순이익	500	1,100	550,000
해외사업환산이익: ₩250,000 − ₩0 =			250,000
총포괄이익			800,000

2. 20×1년 말 재무상태표

재무상태표

순자산 = ($3,000 − $1,500) × ₩1,200 = ₩1,800,000	자본금 = $1,000 × ₩1,000 = ₩1,000,000
	기초이익잉여금 = $0 × ₩1,000 = ₩0
	당기순이익 = $500 × ₩1,100 = ₩550,000
	해외사업환산이익 = ₩250,000

3. 20×2년도 포괄손익계산서

포괄손익계산서

	외화($)	환율	원화(₩)
당기순이익	200	1,150	230,000
해외사업환산이익: ₩90,000 − ₩250,000 =			(160,000)
총포괄이익			70,000

4. 20×2년 말 재무상태표

재무상태표

순자산 = ($4,000 − $2,300) × ₩1,100 = ₩1,870,000	자본금 = $1,000 × ₩1,000 = ₩1,000,000
	기초이익잉여금 = $500 × ₩1,100 = ₩550,000
	당기순이익 = $200 × ₩1,150 = ₩230,000
	해외사업환산이익 = ₩90,000

5. 본 문제는 두 보고기간의 외화표시 재무제표 환산과 관련된 문제로서 재무상태표에 대차차액으로 구해진 해외사업환산손익은 자본항목(기타포괄손익누계액)이므로 20×2년의 포괄손익계산서상 기타포괄손익을 계산할 때 기말 해외사업환산손익에서 기초 해외사업환산손익을 차감한 금액으로 계산하는 것에 유의해야 한다.

08 20×1년 말 재무상태표

재무상태표

순자산 = ($7,000 − $4,500 − $360) × ₩1,400 = ₩2,996,000 매출채권 = $300 × 1.1 × ₩1,400 = ₩462,000	자본금 = $1,500 × ₩1,300 = ₩1,950,000 기초이익잉여금 = $0 × ₩1,000 = ₩0 총포괄손익 = ₩1,508,000

정답 **08** ⑤

☀ 객관식 문제풀이에 앞서 각 장의 주요 주제별 중요도를 파악해볼 수 있습니다.
☀ 시험 대비를 위해 꼭 풀어보아야 하는 필수문제를 정리하여 효율적으로 학습할 수 있습니다.

1. 출제경향

주요 주제	중요도
1. 이론형 문제	★★★★★
2. 매매목적	★
3. 공정가치위험회피	★★★★
4. 현금흐름위험회피	★★★★★
5. 이자율스왑	★★★★

2. 필수문제 리스트

구분		필수문제 번호
회계사	기본문제	4, 5, 6, 7, 11, 12, 13, 14, 15, 16, 17
	고급문제	6, 7, 8, 10

Chapter 6

파생상품

■ 기본문제
■ 고급문제
■ 정답 및 해설

01 다음은 한국채택국제회계기준에서 규정한 파생상품의 정의에 관한 설명이다. 옳지 않은 것은?

① 기초변수의 변동에 따라 가치가 변동한다.

② 기초변수는 이자율, 금융상품가격, 일반상품가격, 환율, 가격 또는 비율의 지수, 신용등급이나 신용지수 또는 기타 변수를 말한다. 다만, 비금융변수의 경우에는 계약의 당사자에게 특정되지 아니하여야 한다.

③ 최초 계약 시 순투자금액이 필요하지 않거나 시장요소의 변동에 비슷한 영향을 받을 것으로 기대되는 다른 유형의 계약보다 적은 순투자금액이 필요하다.

④ 미래에 결제된다.

⑤ 파생상품의 요건을 충족하기 위해서는 차액결제가 가능해야 한다.

02 다음은 한국채택국제회계기준에서 규정한 파생상품의 정의와 관련된 특수상황에 관한 설명이다. 옳지 않은 것은?

① 비금융항목을 매입하거나 매도하는 계약을 현금이나 다른 금융상품으로 차액결제할 수 있거나 금융상품의 교환으로 결제할 수 있는 경우에는 그 계약을 금융상품으로 본다.

② 비금융항목을 매입하거나 매도하는 계약을 현금이나 다른 금융상품으로 차액결제할 수 있거나 금융상품의 교환으로 결제할 수 있어 금융상품으로 보는 경우에, 기업이 예상하는 매입, 매도, 사용의 필요에 따라 비금융항목을 수취하거나 인도할 목적으로 그 계약을 체결하더라도, 그 계약을 당기손익-공정가치측정항목으로 지정할 수 있다.

③ 정형화된 매매거래는 매매일과 결제일 사이에 거래가격을 고정하는 거래이며 파생상품의 정의를 충족하나 계약기간이 짧기 때문에 파생금융상품이다.

④ 한국채택국제회계기준에서는 대출약정의 최초 발생 시에 대출약정을 당기손익-공정가치측정금융부채로 지정하여 공정가치의 변동을 당기손익에 반영하는 것을 허용하고 있다.

⑤ 현금으로 차액결제할 수 있거나 다른 금융상품을 인도하거나 발행하여 결제할 수 있는 대출약정은 파생상품이다.

03 다음은 한국채택국제회계기준에서 규정한 파생상품의 인식과 측정에 관한 설명이다. 옳지 않은 것은?

① 금융자산이나 금융부채는 금융상품의 계약당사자가 되는 때에만 재무상태표에 인식하므로 파생상품도 최초로 인식하는 때에, 파생상품 계약에 따라 발생한 권리와 의무를 공정가치로 측정하여 자산과 부채를 재무상태표에 인식한다.
② 모든 파생상품은 최초 인식 후에 공정가치로 측정하여야 한다.
③ 매매목적의 파생상품은 공정가치로 측정하고 공정가치 변동분을 당기손익으로 인식하여 회계처리한다.
④ 현금흐름 위험회피수단 및 해외사업장순투자의 위험회피수단으로 지정된 파생상품의 공정가치 변동분 중에 위험회피에 효과적인 부분은 기타포괄손익으로 인식하고, 효과적이지 않은 부분은 당기손익으로 인식해야 한다.
⑤ 파생상품은 최초 인식 시 자산 또는 부채를 동시에 총액으로 계상해야 한다.

04 파생상품을 이용한 위험회피회계와 관련된 다음의 설명 중 옳은 것은?

[2014 공인회계사 1차 수정]

① 공정가치위험회피회계를 적용하는 경우 위험회피대상항목의 손익은 기타포괄손익으로 인식한다.
② 현금흐름위험회피회계를 적용하는 경우 위험회피수단의 손익 중 위험회피에 효과적인 부분은 당기손익으로 인식한다.
③ 미인식 확정계약의 공정가치 변동위험을 회피하기 위해 파생상품을 이용하는 경우 파생상품의 공정가치 변동은 확정계약이 이행되는 시점에 당기손익으로 인식한다.
④ 당기손익-공정가치로 측정하도록 지정한 금융부채로서 신용위험의 변동으로 생기는 공정가치의 변동 금액을 기타포괄손익으로 표시하는 금융부채는 위험회피수단으로 지정할 수 있다.
⑤ 변동이자율 수취조건의 대출금에 대해 이자율스왑(변동금리 지급, 고정금리 수취)계약을 체결하면 이는 현금흐름위험회피유형에 해당한다.

05 위험회피회계에 관하여 옳지 않은 설명은?　　　　　　　　[2017 공인회계사 1차 수정]

① 위험회피수단이나 위험회피대상항목의 신용위험의 변동이 매우 커서 신용위험이 경제적 관계로 인한 가치 변동보다 영향이 지배적인 경우에는 위험회피회계를 적용할 수 있다.
② 위험회피관계의 유형은 공정가치위험회피, 현금흐름위험회피, 해외사업장순투자의 위험회피로 구분한다.
③ 공정가치위험회피회계를 적용하는 경우 회피대상위험으로 인한 위험회피대상항목의 손익은 당기손익으로 인식한다.
④ 현금흐름위험회피회계를 적용하는 경우 위험회피수단의 손익 중 위험회피에 효과적인 부분은 기타포괄손익으로 인식한다.
⑤ 해외사업장순투자의 위험회피회계를 적용하는 경우 위험회피수단의 손익 중 위험회피에 비효과적인 부분은 당기손익으로 인식한다.

※ 다음의 자료를 이용하여 **06 ~ 07**에 답하시오.

12월 말 결산법인인 A회사는 20×1년 10월 1일에 통화선도의 계약을 체결하였다. 통화선도와 관련된 계약내용은 다음과 같다.

(1) 통화선도계약정보
- 계약체결일: 20×1년 10월 1일
- 계약기간: 6개월(20×1. 10. 1. ~ 20×2. 3. 31.)
- 계약조건: $1,000을 ₩1,000/$(통화선도환율)에 매입함

(2) 환율정보

일자	현물환율(₩/$)	통화선도환율(₩/$)
20×1. 10. 1.	1,020	1,000(만기 6개월)
20×1. 12. 31.	1,130	1,100(만기 3개월)
20×2. 3. 31.	1,200	–

A회사는 20×2. 3. 31.에 재고자산을 $1,000에 매입하는 확정계약을 20×1. 10. 1.에 체결하였다. A회사가 확정계약에서 발생할 수 있는 환율변동위험을 회피하기 위하여 통화선도계약을 체결하였다. 단, 확정계약은 공정가치위험회피회계의 조건을 모두 충족하였으며, 현재가치의 평가는 생략하기로 한다.

06 A회사의 확정계약과 통화선도계약이 20×1년도와 20×2년도 당기손익에 미치는 영향을 계산하시오.

	20×1년	20×2년
①	영향 없음	영향 없음
②	영향 없음	₩100,000 증가
③	₩100,000 증가	영향 없음
④	₩100,000 증가	₩100,000 증가
⑤	₩100,000 감소	₩100,000 감소

07 A회사가 20×2. 3. 31.에 재고자산을 구입한 경우 재고자산의 취득원가를 계산하시오.
① ₩1,000,000 ② ₩1,100,000 ③ ₩1,200,000
④ ₩1,300,000 ⑤ ₩1,400,000

08 ㈜한국이 아래 자료의 확정계약의 위험회피에 대하여 현금흐름위험회피회계를 적용한다면, 동 위험회피 거래에 대한 회계처리가 20×1년 12월 31일 현재의 재무상태표와 20×1년도 포괄손익계산서에 미치는 영향은?

> (1) 12월 결산법인인 ㈜한국은 20×1년 11월 1일에 $20,000,000의 계약을 수주하고 5개월 후 제품인도 및 현금수취 계약을 체결하였다. 동 계약일에 ㈜한국은 환율변동의 위험을 회피하기 위하여 5개월 후 $20,000,000를 달러당 ₩1,160에 매도하기로 하는 통화선도계약을 체결하였다.
>
> (2) 환율에 대한 자료는 다음과 같다. (단, 매출계약은 확정계약이고 수익은 제품인도시점에 인식하며 현재가치 계산은 생략한다. 또한 통화선도계약은 확정계약에 대한 효과적인 위험회피수단이며 문서화 등 위험회피요건을 충족한 것으로 가정한다)
>
> | 일자 | 현물환율(₩/$) | 통화선도환율(₩/$) |
> |---|---|---|
> | 20×1. 11. 1. | 1,100 | 1,160(만기5개월) |
> | 20×1. 12. 31. | 1,120 | 1,180(만기3개월) |
> | 20×2. 3. 31. | 1,150 | |

	자산	부채	자본	당기순이익	총포괄손익
①	변화 없음	변화 없음	변화 없음	변화 없음	변화 없음
②	증가	증가	변화 없음	변화 없음	감소
③	변화 없음	증가	감소	변화 없음	감소
④	변화 없음	변화 없음	증가	증가	변화 없음
⑤	증가	감소	변화 없음	감소	감소

(1) 기능통화가 원화인 ㈜갑은 20×1년 10월 1일에 외국으로부터 원재료 $2,000을 6개월 후에 매입하기로 하는 확정계약을 체결하였다. 이 확정계약은 법적 강제력을 갖는 계약으로서 불이행 시 그에 따른 위약금을 지불해야 하는 내용을 포함하고 있다. 동 계약일에 ㈜갑은 환율변동위험을 회피하기 위하여 6개월 후 $2,000를 ₩1,150/$에 매입하기로 하는 통화선도계약을 체결하였다. 이 통화선도계약은 확정계약에 대한 효과적인 위험회피수단이며, 문서화 등 위험회피요건을 충족하였다.

(2) 환율정보

일자	현물환율(₩/$)	통화선도환율(₩/$)
20×1년 10월 1일	1,000	1,150(만기 6개월)
20×1년 12월 31일	1,080	1,100(만기 3개월)
20×2년 3월 31일	1,180	

09 ㈜갑이 상기 확정계약에 대한 위험회피를 공정가치위험회피로 회계처리한다면, 동 확정계약과 통화선도계약이 ㈜갑의 20×1년 말 현재 자산과 부채에 미치는 영향은 얼마인가? 단, ㈜갑이 통화선도환율을 적용하여 확정계약의 공정가치를 측정한다고 가정하며, 현재가치 계산은 생략한다.

	자산	부채
①	영향 없음	영향 없음
②	영향 없음	₩100,000 증가
③	₩100,000 증가	영향 없음
④	₩100,000 증가	₩100,000 증가
⑤	₩100,000 감소	₩100,000 감소

10 ㈜갑은 현금흐름위험회피회계를 적용하는 경우, 기타포괄손익으로 인식되는 위험회피수단의 평가손익을 위험회피대상인 예상거래에 따라 향후 인식하는 비금융자산의 최초 장부금액에 조정하는 정책을 채택하고 있다. 만일 ㈜갑이 상기 확정계약에 대한 위험회피를 현금흐름위험회피로 회계처리한다면, 20×2년 3월 31일 확정계약과 통화선도계약이 실행될 때 기타포괄손익누계액이 재고자산의 최초 장부금액에 미치는 영향은 얼마인가? 단, 통화선도계약에서 발생하는 손익은 전액 위험회피에 효과적이라고 가정하며, 현재가치 계산은 생략한다.

① ₩60,000 감소   ② ₩60,000 증가   ③ ₩160,000 감소
④ ₩160,000 증가   ⑤ ₩200,000 증가

11 ㈜한국은 20×1년 10월 1일에 제품을 $200에 수출하고 판매대금은 20×2년 3월 31일에 받기로 하였다. ㈜한국은 동 수출대금의 환율변동위험을 회피하기 위해 다음과 같은 통화선도계약을 체결하였다.

> (1) 통화선도계약 체결일: 20×1년 10월 1일
> (2) 계약기간: 20×1년 10월 1일 ~ 20×2년 3월 31일(만기 6개월)
> (3) 계약조건: 계약만기일에 $200을 ₩1,100/$(선도환율)에 매도하기로 함
> (4) 환율정보
>
> | 일자 | 현물환율(₩/$) | 통화선도환율(₩/$) |
> |---|---|---|
> | 20×1. 10. 1. | 1,070 | 1,100(만기 6개월) |
> | 20×1. 12. 31. | 1,050 | 1,075(만기 3개월) |
> | 20×2. 3. 31. | 1,090 | |

외화매출채권 및 통화선도거래가 ㈜한국의 20×2년 당기순이익에 미치는 영향(순액)은 얼마인가? 단, 현재가치평가 및 채권의 회수가능성에 대한 평가는 고려하지 않으며, 통화선도거래의 결제와 매출채권의 회수는 예정대로 이행되었음을 가정한다. [2016 공인회계사 1차]

① ₩5,000 증가 　② ₩4,000 증가 　③ ₩3,000 증가
④ ₩2,000 증가 　⑤ 영향 없음

12 ㈜한국은 20×1년 중 미래의 재고매입에 대한 현금흐름위험을 회피하고자 파생상품계약을 체결하였으며, 이를 위험회피수단으로 지정하였다. 동 거래에서 발생한 20×1년과 20×2년의 연도별 파생상품평가손익과 위험회피대상의 현금흐름 변동액(현재가치)이 다음과 같다면, 20×2년의 당기손익에 보고될 파생상품평가이익(손실)은 얼마인가? [2014 공인회계사 1차]

구분	20×1년	20×2년
파생상품평가이익(손실)	₩50,000	₩(30,000)
예상거래 현금흐름 변동액의 현재가치	₩(48,000)	₩32,000

① ₩30,000 손실 　② ₩2,000 손실 　③ ₩0
④ ₩2,000 이익 　⑤ ₩4,000 이익

13 ㈜대한은 20×2년 3월 말에 미화 100달러의 재고자산(원재료)을 구입할 계획이며, 예상 생산량을 고려할 때 구입거래가 이루어질 것이 거의 확실하다. ㈜대한은 원재료 매입에 관한 환율변동위험을 회피하고자 20×1년 10월 1일에 다음과 같은 통화선도계약을 체결하고, 이에 대해 위험회피회계를 적용(적용요건은 충족됨을 가정)하였다.

> (1) 계약기간: 20×1년 10월 1일 ~ 20×2년 3월 31일(만기 6개월)
> (2) 계약내용: 계약만기일에 미화 100달러를 ₩1,110/$(선도환율)에 매입하기로 함
> (3) 환율정보
>
> | 일자 | 현물환율(₩/$) | 통화선도환율(₩/$) |
> |---|---|---|
> | 20×1. 10. 1. | 1,100 | 1,110(만기 6개월) |
> | 20×1. 12. 31. | 1,110 | 1,130(만기 3개월) |
> | 20×2. 3. 31. | 1,130 | |

㈜대한은 예상한 대로 20×2년 3월 말에 원재료를 미화 100달러에 매입하여 보유하고 있다. 통화선도계약 만기일에 ㈜대한이 당기손익으로 보고할 파생상품손익은 얼마인가? 단, 현재시점의 현물환율이 미래시점의 기대현물환율과 동일한 것으로 가정하며, 현재가치평가는 고려하지 않는다.

[2018 공인회계사 1차]

① ₩2,000 손실   ② ₩1,000 손실   ③ ₩0
④ ₩1,000 이익   ⑤ ₩2,000 이익

위험회피회계가 적용되는 위험회피수단 및 위험회피대상항목과 관련된 ㈜갑의 자료는 다음과 같다.

<상황 1>

㈜갑은 20×1년 1월 1일에 만기가 3년인 차입금 ₩1,000을 연 'LIBOR + 1%'로 차입하였다. ㈜갑은 시장이자율 변동에 따른 위험을 회피하기 위하여 동 일자에 LIBOR를 수취하고 고정이자율 연 4%를 지급하는 이자율스왑계약을 체결하였다.

<상황 2>

㈜갑은 20×1년 1월 1일에 만기가 3년인 차입금 ₩1,000을 고정이자율 연 5%로 차입하였다. ㈜갑은 시장이자율 변동에 따른 위험을 회피하기 위하여 동 일자에 고정이자율 연 4%를 수취하고 LIBOR를 지급하는 이자율스왑계약을 체결하였다.

<공통사항>

장기차입금과 이자율스왑 각각의 만기, 원금과 계약금액, 이자지급일과 이자율스왑 결제일은 동일하며, 장기차입금의 이자지급과 이자율스왑의 결제는 매년 말에 이루어지고, 이를 결정하는 LIBOR는 매년 초에 각각 확정된다. 12개월 만기 LIBOR는 다음과 같다.

20×1년 초	20×2년 초	20×3년 초
4.0%	5.0%	2.0%

장기차입금과 이자율스왑계약의 공정가치는 무이표채권할인법(Zero-Coupon Method)에 의하여 산정하며, 20×1년 초와 20×1년 말 및 20×2년 말의 이자율스왑의 공정가치는 각각 ₩0, (-)₩18, ₩19으로 한다. ㈜갑의 차입원가는 모두 비용으로 인식하고, 매년 말 이자율스왑의 위험회피효과는 모두 효과적이며, 법인세효과는 고려하지 않는다.

14 <상황 1>에서 장기차입금과 이자율스왑 관련 거래가 ㈜갑의 20×2년도 포괄손익계산서의 당기순이익에 미치는 영향과 20×2년 말 재무상태표에 계상될 차입금 금액은 얼마인가?

	당기순이익에 미치는 영향	차입금 금액
①	₩13 감소	₩1,000
②	₩13 감소	₩1,019
③	₩40 감소	₩1,000
④	₩50 감소	₩1,000
⑤	₩50 감소	₩1,019

15 <상황 2>에서 장기차입금과 이자율스왑 관련 거래가 ㈜갑의 20×2년도 포괄손익계산서의 당기순이익에 미치는 영향과 20×2년 말 재무상태표에 계상될 차입금 금액은 얼마인가?

	당기순이익에 미치는 영향	차입금 금액
①	₩23 감소	₩1,000
②	₩23 감소	₩1,019
③	₩50 감소	₩1,019
④	₩60 감소	₩1,000
⑤	₩60 감소	₩1,019

16 ㈜대한은 20×1년 1월 1일 ₩500,000(3년 만기, 고정이자율 연 5%)을 차입하였다. 고정이자율 연 5%는 20×1년 1월 1일 한국은행 기준금리(연 3%)에 ㈜대한의 신용스프레드(연 2%)가 가산되어 결정된 것이다. 한편, ㈜대한은 금리변동으로 인한 차입금의 공정가치 변동위험을 회피하고자 다음과 같은 이자율스왑계약을 체결하고 위험회피관계를 지정하였다(이러한 차입금과 이자율스왑계약 간의 위험회피관계는 위험회피회계의 적용 요건을 충족한다).

> - 이자율스왑계약 체결일: 20×1년 1월 1일
> - 이자율스왑계약 만기일: 20×3년 12월 31일
> - 이자율스왑계약 금액: ₩500,000
> - 이자율스왑계약 내용: 매년 말 연 3%의 고정이자를 수취하고, 매년 초(또는 전년도 말)에 결정되는 한국은행 기준금리에 따라 변동이자를 지급

차입금에 대한 이자지급과 이자율스왑계약의 결제는 매년 말에 이루어지며, 이자율스왑계약의 공정가치는 무이표채권할인법으로 산정된다. 전년도 말과 당년도 초의 한국은행 기준금리는 동일하며, 연도별로 다음과 같이 변동하였다.

20×1. 1. 1.	20×1. 12. 31.	20×2. 12. 31.
연 3%	연 2%	연 1%

㈜대한이 상기 거래와 관련하여 20×1년도에 인식할 차입금평가손익과 이자율스왑계약평가손익은 각각 얼마인가? 단, 단수차이로 인해 오차가 있다면 가장 근사치를 선택한다.

[2022 공인회계사 1차]

	차입금	이자율스왑계약
①	평가이익 ₩9,708	평가손실 ₩9,708
②	평가손실 ₩9,708	평가이익 ₩9,708
③	₩0	₩0
④	평가이익 ₩9,430	평가손실 ₩9,430
⑤	평가손실 ₩9,430	평가이익 ₩9,430

17 기업회계기준서 제1109호 '금융상품'에 대한 다음 설명 중 옳지 않은 것은?

[2023 공인회계사 1차]

① 외화위험회피의 경우 비파생금융자산이나 비파생금융부채의 외화위험 부분은 위험회피수단으로 지정할 수 있다. 다만, 공정가치의 변동을 기타포괄손익으로 표시하기로 선택한 지분상품의 투자는 제외한다.

② 연결실체 내의 화폐성항목이 기업회계기준서 제1021호 '환율변동효과'에 따라 연결재무제표에서 모두 제거되지 않는 외환손익에 노출되어 있다면, 그러한 항목의 외화위험은 연결재무제표에서 위험회피대상항목으로 지정할 수 있다.

③ 위험회피관계가 위험회피비율과 관련된 위험회피 효과성의 요구사항을 더는 충족하지 못하지만 지정된 위험회피관계에 대한 위험관리의 목적이 동일하게 유지되고 있다면, 위험회피관계가 다시 적용조건을 충족할 수 있도록 위험회피관계의 위험회피비율을 조정해야 한다.

④ 단일 항목의 구성요소나 항목 집합의 구성요소는 위험회피대상항목이 될 수 있다.

⑤ 사업결합에서 사업을 취득하기로 하는 확정계약은 위험회피대상항목이 될 수 있다. 다만, 외화위험에 대하여는 위험회피대상항목으로 지정할 수 없다.

01 다음은 한국채택국제회계기준에서 규정한 내재파생상품에 관한 설명이다. 옳지 않은 것은?

① 내재파생상품은 파생상품이 아닌 주계약을 포함하는 복합상품의 구성요소로, 복합상품의 현금흐름 중 일부를 독립적인 파생상품의 경우와 비슷하게 변동시키는 효과를 가져오는 금융상품을 말한다.

② 특정 금융상품에 부가되어 있더라도, 계약상 해당 금융상품과는 독립적으로 양도할 수 있거나 해당 금융상품과는 다른 거래상대방이 있는 파생상품은 내재파생상품이 아니며, 별도의 금융상품이다.

③ 복합계약이 기업회계기준서 제1109호 '금융상품'의 적용범위에 포함되는 자산을 주계약으로 포함하는 경우에는 해당 복합계약 전체에 대해 현금흐름의 특성과 사업모형에 따라 상각후원가측정금융자산, 당기손익-공정가치측정금융자산, 기타포괄손익-공정가치측정금융자산으로 분류한다.

④ 내재파생상품의 경제적 특성·위험이 주계약의 경제적 특성·위험과 밀접하게 관련되어 있지 않고, 내재파생상품과 조건이 같은 별도의 금융상품이 파생상품의 정의를 충족하며, 복합계약의 공정가치 변동을 당기손익으로 인식하지 않는다는 조건을 모두 충족하는 경우에만 내재파생상품을 주계약과 분리하여 파생상품으로 회계처리한다.

⑤ 주계약과 분리하여야 하는 내재파생상품을 취득시점이나 그 후의 재무보고일에 주계약과 분리하여 측정할 수 없는 경우에는 복합계약 전체를 기타포괄손익-공정가치측정항목으로 지정한다.

02 회계시스템을 수출하는 ㈜선진은 20×1년 10월 1일에 6개월 후 뉴욕에 있는 고객에게 새로 개발된 회계시스템을 $2,000에 판매하는 확정계약을 체결하였다. 이 확정계약은 법적 강제력을 갖는 계약으로 불이행 시에는 그에 따른 위약금을 지불해야 한다. ㈜선진은 환율하락위험을 회피하기 위해 20×2년 3월 31일에 $2,000를 ₩1,060/$에 매도하는 통화선도계약을 20×1년 10월 1일 체결하였다. 환율에 대한 정보는 아래와 같다.

일자	현물환율(₩/$)	통화선도환율(₩/$)
20×1. 10. 1.	1,020	1,060(만기 6개월)
20×1. 12. 31.	1,080	1,130(만기 3개월)
20×2. 3. 31.	1,150	–

확정계약이 (1) 공정가치 위험회피대상으로 지정된 경우와 (2) 위험회피대상으로 지정되지 않은 경우 각각에 대하여, 위 거래가 20×1년 말 순자산에 미치는 영향은 얼마인가?

[2015 공인회계사 1차]

	(1)	(2)
①	영향 없음	영향 없음
②	영향 없음	₩140,000 감소
③	₩140,000 감소	영향 없음
④	영향 없음	₩140,000 증가
⑤	₩140,000 증가	영향 없음

03 ㈜한국은 20×2년 2월 28일에 $500의 상품수출을 계획하고 있으며 판매대금은 미국달러화($)로 수취할 것이 예상된다. ㈜한국은 동 수출과 관련된 환율변동위험에 대비하기 위해 20×1년 11월 1일에 다음과 같은 통화선도계약을 체결하였다.

> (1) 계약기간: 20×1년 11월 1일 ~ 20×2년 2월 28일(만기 4개월)
> (2) 계약내용: 계약만기일에 $500를 ₩1,050/$(선도환율)에 매도하기로 함
> (3) 환율정보
>
> | 일자 | 현물환율(₩/$) | 통화선도환율(₩/$) |
> |---|---|---|
> | 20×1. 11. 1. | 1,060 | 1,050(만기 4개월) |
> | 20×1. 12. 31. | 1,040 | 1,020(만기 2개월) |
> | 20×2. 2. 28. | 1,000 | |

㈜한국이 위 통화선도계약을 (가) 위험회피수단으로 지정한 경우, 또는 (나) 위험회피수단으로 지정하지 않은 경우에 수행하여야 할 각각의 회계처리에 관하여 옳은 설명은? 단, 파생상품에 대한 현재가치평가는 고려하지 않는다. [2017 공인회계사 1차]

① (가)의 경우 ㈜한국은 통화선도거래에 대해 공정가치위험회피회계를 적용해야 한다.
② (나)의 경우 ㈜한국은 통화선도 계약체결일에 현물환율과 선도환율의 차이인 ₩5,000을 통화선도(부채)로 인식한다.
③ (가)의 경우 ㈜한국이 20×1년도에 당기손익으로 인식하는 파생상품평가손익은 ₩10,000 이익이다.
④ (나)의 경우 ㈜한국이 20×1년도에 당기손익으로 인식하는 파생상품평가손익은 ₩15,000 손실이다.
⑤ ㈜한국이 20×1년 말 재무상태표에 계상하는 통화선도(자산) 금액은 (가)의 경우와 (나)의 경우가 동일하다.

04 액정표시 기계장치를 제조하는 ㈜건지는 미국기업인 TH & Co.에 동 기계장치 10대(대당 판매가격: US$100)를 20×2년 2월 28일에 수출할 가능성이 매우 높다. ㈜건지는 동 예상거래에서 발생할 수 있는 현금흐름 변동위험을 회피하기 위해 20×2년 2월 28일에 기계장치의 판매대금인 US$1,000를 ₩1,100/US$에 매도하는 통화선도계약을 20×1년 12월 1일 EC Bank와 체결하였다. 통화선도계약의 최초원가와 공정가치는 '₩0'이며, 통화선도계약은 법적 구속력을 갖는 해지불능계약이다. ㈜건지는 위 예상거래의 현금흐름변동에 대한 위험회피수단으로 통화선도계약을 지정하고 문서화하는 등 위험회피회계의 적용요건을 모두 충족한다. 통화선도계약에 대한 현재가치평가는 고려하지 않으며, 통화선도계약의 공정가치 변동 중 위험회피에 비효과적인 부분은 없다.

구분	현물환율(₩/US$)	선도환율(₩/US$)
20×1. 12. 1.	1,076	1,100(만기 3개월)
20×1. 12. 31.	1,040	1,080(만기 2개월)
20×2. 2. 28.	1,076	–

㈜건지가 위 거래에 대해 현금흐름위험회피회계를 적용하는 경우 통화선도계약이 ㈜건지의 20×1년도와 20×2년도의 포괄손익계산서상 당기순이익에 미치는 영향은 얼마인가? 단, 위의 예상거래가 ㈜건지의 당기순이익에 미치는 영향은 제외하며, 법인세효과는 고려하지 않는다.

[2011 공인회계사 1차]

	20×1년	20×2년
①	영향 없음	₩24,000 증가
②	₩20,000 감소	₩4,000 증가
③	₩20,000 증가	₩4,000 감소
④	₩24,000 증가	₩20,000 감소
⑤	₩24,000 감소	₩20,000 증가

05 ㈜한국은 20×1년 1월 1일에 만기가 3년인 차입금 ₩100,000을 'LIBOR+1%'로 차입하였다. ㈜한국은 시장이자율 변동에 따른 위험을 회피하고자 다음과 같은 이자율스왑계약을 체결하고, 이를 위험회피수단으로 지정하였다.

> • 이자율스왑계약 체결일: 20×1년 1월 1일
> • 만기일: 20×3년 12월 31일
> • 계약금액: ₩100,000
> • 계약내용: 고정이자율 4%를 지급하고, 변동이자율 LIBOR를 수취함

차입금의 이자지급과 이자율스왑의 결제는 매년 말에 이루어지고, 이를 결정하는 LIBOR는 직전년도 말(또는 매년 초)에 확정된다. 계약체결일에 수수된 프리미엄은 없으며, 확정된 LIBOR는 다음과 같다.

20×1년 초	20×1년 말	20×2년 말
4%	5%	3%

위 거래와 관련된 ㈜한국의 회계처리로서 옳은 것은? 단, 이자율스왑계약의 위험회피효과는 100%이며, 동 계약에 따른 순결제금액은 이자비용으로 인식한다. [2016 공인회계사 1차 수정]

① ㈜한국은 이자율스왑계약에 대해 공정가치위험회피회계를 적용하여야 한다.
② 20×1년에 ㈜한국이 당기손익으로 인식하는 이자비용은 ₩5,000보다 큰 금액이다.
③ 20×1년 말 ㈜한국의 재무상태표에 계상되는 차입금의 장부금액은 ₩100,000보다 작은 금액이다.
④ 20×1년 말 ㈜한국의 포괄손익계산서에는 이자율스왑평가이익(현금흐름위험회피적립금)이 계상된다.
⑤ 20×2년 말 ㈜한국의 재무상태표에 계상되는 차입금의 장부금액은 ₩100,000보다 작은 금액이다.

06 ㈜대한은 제조공정에서 사용하는 금(원재료)을 시장에서 매입하고 있는데, 향후 예상매출을 고려할 때 금 10온스를 20×2년 3월 말에 매입할 것이 거의 확실하다. 한편 ㈜대한은 20×2년 3월 말에 매입할 금의 시장가격 변동에 따른 미래현금흐름변동위험을 회피하기 위해 20×1년 10월 1일에 다음과 같은 금선도계약을 체결하고, 이에 대해 위험회피회계를 적용(적용요건은 충족됨을 가정)하였다.

- 계약기간: 6개월(20×1. 10. 1. ~ 20×2. 3. 31.)
- 계약조건: 결제일에 금 10온스의 선도계약금액과 결제일 시장가격의 차액을 현금으로 수수함(금선도계약가격: ₩200,000/온스)
- 금의 현물가격, 선도가격에 대한 자료는 다음과 같다.

일자	현물가격(₩/온스)	선도가격(₩/온스)
20×1년 10월 1일	190,000	200,000(만기 6개월)
20×1년 12월 31일	195,000	210,000(만기 3개월)
20×2년 3월 31일	220,000	

㈜대한은 예상과 같이 20×2년 3월 말에 금(원재료)을 시장에서 매입하여 보유하고 있다. 금선도계약 만기일에 ㈜대한이 당기손익으로 인식할 파생상품평가손익은 얼마인가?

[2020 공인회계사 1차]

① ₩50,000 손실   ② ₩100,000 손실   ③ ₩0

④ ₩50,000 이익   ⑤ ₩100,000 이익

07 파생상품 및 위험회피회계에 대한 다음 설명 중 옳은 것은?   [2020 공인회계사 1차]

① 현금흐름위험회피에서 위험회피수단의 손익은 기타포괄손익으로 인식한다.

② 기업은 위험회피관계의 지정을 철회함으로써 자발적으로 위험회피회계를 중단할 수 있는 자유로운 선택권을 이유에 상관없이 가진다.

③ 확정계약의 외화위험회피에 공정가치위험회피회계 또는 현금흐름위험회피회계를 적용할 수 있다.

④ 해외사업장순투자의 위험회피는 공정가치위험회피와 유사하게 회계처리한다.

⑤ 고정금리부 대여금에 대하여 고정금리를 지급하고 변동금리를 수취하는 이자율스왑으로 위험회피하면 이는 현금흐름위험회피 유형에 해당한다.

08 ㈜대한은 20×1년 9월 1일에 옥수수 100단위를 ₩550,000에 취득하였다. 20×1년 10월 1일에 ㈜대한은 옥수수 시가하락을 우려하여 만기가 20×2년 3월 1일인 선도가격(₩520,000)에 옥수수 100단위를 판매하는 선도계약을 체결하여 위험회피관계를 지정하였으며, 이는 위험회피회계 적용요건을 충족한다. 일자별 옥수수 현물가격 및 선도가격은 다음과 같다.

일자	옥수수 100단위 현물가격	옥수수 100단위 선도가격
20×1. 10. 1.	₩550,000	₩520,000(만기 5개월)
20×1. 12. 31.	₩510,000	₩480,000(만기 2개월)
20×2. 3. 1.	₩470,000	

자산에 대한 손상 징후에 따른 시가하락은 고려하지 않는다. 파생상품평가손익 계산 시 화폐의 시간가치는 고려하지 않는다. 20×2년 3월 1일에 수행하는 회계처리가 포괄손익계산서상 당기순이익에 미치는 순효과는 얼마인가? [2021 공인회계사 1차]

① ₩50,000 이익   ② ₩45,000 손실   ③ ₩30,000 이익
④ ₩30,000 손실   ⑤ ₩10,000 이익

09 기업회계기준서 제1109호 '금융상품'에 따른 위험회피회계에 대한 다음 설명 중 옳지 않은 것은?
[2022 공인회계사 1차]

① 위험회피회계의 목적상, 보고실체의 외부 당사자와 체결한 계약만을 위험회피수단으로 지정할 수 있다.
② 일부 발행한 옵션을 제외하고, 당기손익-공정가치 측정 파생상품은 위험회피수단으로 지정할 수 있다.
③ 인식된 자산이나 부채, 인식되지 않은 확정계약, 예상거래나 해외사업장순투자는 위험회피대상항목이 될 수 있다. 다만, 위험회피대상 항목이 예상거래인 경우 그 거래는 발생 가능성이 매우 커야 한다.
④ 공정가치위험회피회계의 위험회피대상항목이 자산을 취득하거나 부채를 인수하는 확정계약인 경우에는 확정계약을 이행한 결과로 인식하는 자산이나 부채의 최초 장부금액이 재무상태표에 인식된 위험회피대상항목의 공정가치 누적변동분을 포함하도록 조정한다.
⑤ 위험회피수단을 제공하는 거래상대방이 계약을 미이행할 가능성이 높더라도(즉, 신용위험이 지배적이더라도) 위험회피대상항목과 위험회피수단 사이에 경제적 관계가 있는 경우에는 위험회피회계를 적용할 수 있다.

10 ㈜대한은 전기차용 배터리를 생산 및 판매하는 회사이다. ㈜대한은 20×2년 3월 말에 100개의 배터리를 국내 전기차 제조사들에게 판매할 가능성이 매우 높은 것으로 예측하였다. ㈜대한은 배터리의 판매가격 하락을 우려하여 20×1년 12월 1일에 선도계약을 체결하고, 이를 위험회피수단으로 지정하였다. 관련 정보는 다음과 같다.

- 선도거래 계약기간: 20×1년 12월 1일 ~ 20×2년 3월 31일(만기 4개월)
- 선도거래 계약내용: 결제일에 100개의 배터리에 대해 선도거래 계약금액(개당 ₩12,000) 과 시장가격의 차액이 현금으로 결제된다.
- 현물가격 및 선도가격 정보

일자	현물가격(개당)	선도가격(개당)
20×1. 12. 1.	₩13,000	₩12,000(만기 4개월)
20×1. 12. 31.	₩12,500	₩11,300(만기 3개월)
20×2. 3. 31.	₩10,500	

- 배터리의 개당 제조원가는 ₩10,000이고, 판매와 관련하여 다른 비용은 발생하지 않는다.

예측과 같이, ㈜대한은 20×2년 3월 말에 배터리를 판매하였다. ㈜대한이 위 거래에 대해 현금흐름위험회피회계를 적용하는 경우 ㈜대한의 20×2년도 당기순이익에 미치는 영향은 얼마인가? 단, 파생상품 평가손익 계산 시 화폐의 시간가치는 고려하지 않으며, 배터리 판매가 당기순이익에 미치는 영향은 포함한다. [2023 공인회계사 1차]

① ₩0(영향 없음)　　② ₩130,000 증가　　③ ₩150,000 증가
④ ₩180,000 증가　　⑤ ₩200,000 증가

01 파생상품의 정의는 총액결제 또는 차액결제의 결제방법에 영향을 받지 않는다. 즉 차액으로 결제되더라도 3가지 요건을 충족하면 파생상품으로 분류될 수 있다.

02 정형화된 매매거래는 매매일과 결제일 사이에 거래가격을 고정하는 거래이며 파생상품의 정의를 충족하나 계약기간이 짧기 때문에 파생금융상품으로 인식하지 않는다.

03 파생상품이 그 포지션에 따라 결제시점에서 현금유입을 가져올 수 있는 것은 미래경제적효익에 대한 권리로서 일반적인 자산계상의 요건을 충족하는 것이며, 반대로 결제시점에서 현금지출을 수반하게 되는 것은 미래에 자산을 희생해야 하는 의무로서 일반적인 부채계상의 요건을 충족하는 것이기 때문이다. 또한 자산이나 부채로 재무제표에 계상하여야 할 금액은 계약금액(또는 계약단위의 수량)이 아니라 공정가액(예를 들면 차액결제금액)을 의미하는 것이다. 따라서, 파생상품은 최초 인식 시 자산 또는 부채를 동시에 총액으로 계상해서는 안 되며 순액으로 계상하여야 한다.

04 ① 공정가치위험회피회계를 적용하는 경우 위험회피대상항목의 손익은 당기손익으로 인식한다.
② 현금흐름위험회피회계를 적용하는 경우 위험회피수단의 손익 중 위험회피에 효과적인 부분은 기타포괄손익으로 인식한다.
③ 미인식 확정계약을 위험회피대상항목으로 지정한 경우, 회피대상위험으로 인한 확정계약의 후속적인 공정가치의 누적변동분은 자산이나 부채로 인식하고, 이에 상응하는 손익은 당기손익으로 인식한다.
④ 당기손익-공정가치로 측정하도록 지정한 금융부채로서 신용위험의 변동으로 생기는 공정가치의 변동 금액을 기타포괄손익으로 표시하는 금융부채는 위험회피수단으로 지정할 수 없다. 기타포괄손익으로 인식하는 금융부채와 지분상품의 투자를 위험회피수단으로 지정할 수 없는 이유는 위험회피대상항목에서 발생하는 당기손익의 변동부분을 위험회피수단에서 기타포괄손익으로 인식하면 위험회피효과가 실질적으로 나타나지 않기 때문에 기타포괄손익으로 인식하는 금융상품은 위험회피수단으로 지정할 수 없는 것이다.

05 위험회피수단이나 위험회피대상항목의 신용위험의 변동이 매우 커서 신용위험이 경제적 관계로 인한 가치 변동보다 영향이 지배적인 경우에는 위험회피회계를 적용할 수 없다.

1. 회계처리

구분	위험회피대상항목(확정계약)		위험회피수단(통화선도)	
20×1. 10. 1.	N/A		N/A	
20×1. 12. 31.	(차) 확정계약평가손실(NI)[1]	100,000	(차) 통화선도자산[2]	100,000
	(대) 확정계약부채	100,000	(대) 통화선도평가이익(NI)	100,000
20×2. 3. 31.	(차) 확정계약평가손실(NI)[3]	100,000	(차) 현금($)[5]	1,200,000
	(대) 확정계약부채	100,000	(대) 현금(₩)	1,000,000
	(차) 재고자산	1,000,000	통화선도자산	100,000
	확정계약부채	200,000	통화선도거래이익(NI)[6]	100,000
	(대) 현금($)[4]	1,200,000		

[1] $1,000 × (₩1,000 − ₩1,100) = ₩(100,000)
[2] $1,000 × (₩1,100 − ₩1,000) = ₩100,000
[3] $1,000 × (₩1,100 − ₩1,200) = ₩(100,000)
[4] $1,000 × ₩1,200 = ₩1,200,000
[5] $1,000 × ₩1,200 = ₩1,200,000
[6] $1,000 × (₩1,200 − ₩1,100) = ₩100,000

2. 20×1년도 당기손익에 미치는 영향: (1) + (2) = ₩0
   (1) 20×1년 확정계약평가손실: $1,000 × (₩1,000 − ₩1,100) = ₩(100,000)
   (2) 20×1년 통화선도평가이익: $1,000 × (₩1,100 − ₩1,000) = ₩100,000

3. 20×2년도 당기손익에 미치는 영향: (1) + (2) = ₩0
   (1) 20×2년 확정계약평가손실: $1,000 × (₩1,100 − ₩1,200) = ₩(100,000)
   (2) 20×2년 통화선도거래이익: $1,000 × (₩1,200 − ₩1,100) = ₩100,000

별해

일자	통화선도환율	당기손익(I/S)	통화선도환율	당기손익(I/S)
20×1. 10. 1.	₩1,000		₩1,000	
		20×1: ₩(100) × $1,000 = ₩(100,000) (평가손실)		20×1: ₩100 × $1,000 = ₩100,000 (평가이익)
20×1. 12. 31.	₩1,100		₩1,100	
		20×2: ₩(100) × $1,000 = ₩(100,000) (평가손실)		20×2: ₩100 × $1,000 = ₩100,000 (거래이익)
20×2. 3. 31.	₩1,200		₩1,200	

07 재고자산의 취득원가: $1,000(확정계약 외화금액) × ₩1,000(계약체결 시 통화선도환율) = ₩1,000,000

08 1. 회계처리

20×1. 11. 1.	N/A		
20×1. 12. 31.	(차) 현금흐름위험회피적립금(OCI)[1]	400,000,000	(대) 통화선도부채	400,000,000

[1] $20,000,000 × (₩1,180 − ₩1,160) = ₩400,000,000

2. 20×1년 12월 31일 현재의 재무상태표와 20×1년도 포괄손익계산서에 미치는 영향
   ∴ 자산: 변화 없음, 부채: 증가, 자본: 감소, 당기순이익: 변화 없음, 총포괄손익: 감소

09 1. 20×1년 말 현재 자산과 부채에 미치는 영향

(1) 확정계약자산: $2,000 × (₩1,150 − ₩1,100) = ₩100,000 자산 증가

(2) 통화선도부채: $2,000 × (₩1,100 − ₩1,150) = ₩(100,000) 부채 증가

2. 공정가치위험회피회계가 적용되는 선도거래의 경우, ① 위험회피수단인 선도거래의 회계처리는 일반회계와 동일하게 선도거래에 따라 발생된 권리와 의무는 공정가치로 평가하여 자산 또는 부채로 인식하고 선도거래에서 발생한 평가손익은 당기손익으로 처리하며, ② 위험회피대상항목에서 발생하는 손익은 위험회피대상항목의 장부금액을 조정하여 당기손익으로 인식한다.

3. 회계처리

구분	위험회피대상항목(확정계약)		위험회피수단(통화선도)	
20×1. 10. 1.	N/A		N/A	
20×1. 12. 31.	(차) 확정계약자산[1]	100,000	(차) 통화선도평가손실(NI)[2]	100,000
	(대) 확정계약평가손실(NI)	100,000	(대) 통화선도부채	100,000

[1] $2,000 × (₩1,150 − ₩1,100) = ₩100,000

[2] $2,000 × (₩1,100 − ₩1,150) = ₩(100,000)

10 1. 현금흐름위험회피회계가 적용되는 선도거래의 경우 위험회피대상 예상거래로 인해 후속적으로 비금융자산이나 비금융부채를 인식하게 되거나, 비금융자산이나 비금융부채에 대한 위험회피대상 예상거래가 공정가치위험회피회계를 적용하는 확정계약이 된다면, 현금흐름위험회피적립금에서 그 금액을 제거하고 관련 자산 또는 부채의 최초 원가나 그 밖의 장부금액에 그 금액을 직접 포함한다. 이것은 재분류조정이 아니며, 따라서 기타포괄손익에 영향을 미치지 않는다.

2. 20×2년 3월 31일의 현금흐름위험회피적립금(기타포괄손익누계액) = $2,000 × (₩1,180 − ₩1,150) = ₩60,000이며, 문제에서 통화선도계약에서 발생하는 손익이 전액 위험회피에 효과적이라는 단서가 제시되었으므로, 재고자산의 취득금액은 ₩60,000만큼 감소한다.

3. 회계처리

20×2. 3. 31.	(차) 재고자산[1]	2,360,000	(대) 현금	2,360,000
	(차) 현금흐름위험회피적립금(자본)	60,000	(대) 재고자산	60,000

[1] $2,000 × ₩1,180 = ₩2,360,000

정답 09 ④ 10 ①

11 1. 위험회피수단으로 파생상품을 이용하더라도 위험회피대상항목이 매출채권, 매입채무 등 화폐성 외화자산·부채라면 위험회피회계를 적용하지 않아도 위험회피효과가 인식되므로 공정가치위험회피회계가 불필요하다.

2. 회계처리

구분	위험회피대상항목(매출채권)		위험회피수단(통화선도)	
20×1. 10. 1.	(차) 매출채권[1] 214,000 (대) 매출 214,000		N/A	

20×1. 12. 31.	(차) 외화환산손실(NI)[2] 4,000
	  (대) 매출채권 4,000
			(차) 통화선도자산[3] 5,000
			  (대) 통화선도평가이익(NI) 5,000	

20×2. 3. 31.	(차) 현금($)[4] 218,000
	  (대) 매출채권 210,000
	        외환차익(NI)[5] 8,000
			(차) 현금(₩) 220,000
			     통화선도거래손실(NI)[6] 3,000
			  (대) 현금($)[7] 218,000
			        통화선도자산 5,000	

[1] $200 × ₩1,070 = ₩214,000
[2] $200 × (₩1,050 − ₩1,070) = ₩(4,000)
[3] $200 × (₩1,100 − ₩1,075) = ₩5,000
[4] $200 × ₩1,090 = ₩218,000
[5] $200 × (₩1,090 − ₩1,050) = ₩8,000
[6] $200 × (₩1,075 − ₩1,090) = ₩(3,000)
[7] $200 × ₩1,090 = ₩218,000

∴ 20×2년의 당기손익에 미치는 영향: ₩8,000 + ₩(3,000) = ₩5,000 이익

별해

일자	현물환율	당기손익(I/S)	통화선도환율	당기손익(I/S)
20×1. 10. 1.	₩1,070		₩1,100	
		20×1: ₩(20) × $200 = ₩(4,000) (외화환산손실)		20×1: ₩25 × $200 = ₩5,000 (평가이익)
20×1. 12. 31.	₩1,050		₩1,075	
		20×2: ₩40 × $200 = ₩8,000 (외환차익)		20×2: ₩(15) × $200 = ₩(3,000) (거래손실)
20×2. 3. 31.	₩1,090		₩1,090	

12 1. 현금흐름위험회피회계에서 기타포괄손익으로 인식해야 할 파생상품평가손익(파생상품의 평가손익 중 위험회피에 효과적인 부분)은 각 보고기간기준으로 산정하는 것이 아니라 누적기준으로 산정한다.

2. 파생상품평가이익을 위험회피의 효과적인 부분과 비효과적인 부분으로 분석하면 다음과 같다.

구분	20×1년	20×2년	20×2년 누적
파생상품평가이익(손실)	₩50,000	₩(30,000)	₩20,000
예상거래의 현금흐름변동	₩(48,000)	₩32,000	₩(16,000)
위험회피에 효과적인 부분(기타포괄손익)	₩48,000	₩(32,000)	₩16,000
위험회피에 비효과적인 부분(당기손익)	₩2,000	₩2,000	₩4,000

∴ 20×2년의 당기손익에 보고될 금액: ₩4,000 − ₩2,000 = ₩2,000 이익

3. 회계처리

20×1년 말	(차) 파생상품	50,000	(대) 현금흐름위험회피적립금(OCI) 파생상품평가이익(NI)	48,000 2,000	
20×2년 말	(차) 현금흐름위험회피적립금(OCI)	32,000	(대) 파생상품 파생상품평가이익(NI)	30,000 2,000	

13 1. 회계처리

구분	위험회피대상항목(예상거래)		위험회피수단(통화선도)	
20×1. 10. 1.	N/A		N/A	
20×1. 12. 31.	N/A		(차) 통화선도자산[1] 2,000 (대) 현금흐름위험회피적립금(OCI)[2] 1,000 파생상품평가이익(NI) 1,000	
20×2. 3. 31.	(차) 재고자산 111,000 현금흐름위험회피적립금(자본) 2,000 (대) 현금($)[3] 113,000		(차) 현금($)[4] 113,000 파생상품평가손실(NI) 1,000 (대) 현금(₩) 111,000 통화선도자산 2,000 현금흐름위험회피적립금(OCI)[5] 1,000	

[1] $100 × (₩1,130 − ₩1,110) = ₩2,000
[2] Min[①, ②] = ₩1,000
   ① 수단: $100 × (₩1,130 − ₩1,110) = ₩2,000
   ② 대상: $100 × (₩1,110 − ₩1,100) = ₩1,000
[3] $100 × ₩1,130 = ₩113,000
[4] $100 × ₩1,130 = ₩113,000
[5] 누적기준 Min[①, ②] − ₩1,000 = ₩1,000
   ① 수단: $100 × (₩1,130 − ₩1,110) = ₩2,000
   ② 대상: $100 × (₩1,130 − ₩1,100) = ₩3,000

2. 통화선도계약 만기일에 ㈜대한이 당기손익으로 보고할 파생상품손익: ₩(1,000)

별해

일자	현물환율	미래현금흐름 변동액	통화선도환율	파생상품평가이익
20×1. 10. 1.	₩1,100		₩1,110	
		20×1: ₩(10) × $100 = ₩(1,000)		20×1: ₩20 × $100 = ₩2,000
20×1. 12. 31.	₩1,110		₩1,130	
		20×2: ₩(20) × $100 = ₩(2,000)		20×2: ₩0 × $100 = ₩0
20×2. 3. 31.	₩1,130		₩1,130	
20×2년 누적		₩(1,000) + ₩(2,000) = ₩(3,000)		₩2,000 + ₩0 = ₩2,000

구분	20×1년	20×2년	20×2년 누적
파생상품평가이익(손실)	₩2,000	₩0	₩2,000
예상거래의 현금흐름변동	₩(1,000)	₩(2,000)	₩(3,000)
위험회피에 효과적인 부분(기타포괄손익)	₩1,000	₩1,000	₩2,000
위험회피에 비효과적인 부분(당기손익)	₩1,000	₩(1,000)	₩0

14 1. 변동금리조건의 차입금의 경우에는 시장이자율의 변동에 따라 향후 수취하거나 지급할 미래현금흐름의 변동위험에 익스포저되어 있다. 이러한 경우에 이자율스왑거래를 통하여 현금흐름위험을 회피할 수 있다.

2. 각 연도별 순현금흐름의 계산

일자	차입금이자 변동금리지급 (LIBOR + 1%)	이자율스왑		실질부담이자비용(5%)
		변동금리수취(LIBOR)	고정금리지급(4%)	
20×1. 12. 31.	(−)₩50	(+)₩40	(−)₩40	(−)₩50
20×2. 12. 31.	(−)₩60	(+)₩50	(−)₩40	(−)₩50

3. 회계처리

구분	위험회피대상항목(차입금)		위험회피수단(이자율스왑)	
20×1. 1. 1.	(차) 현금 (대) 차입금	1,000 1,000	N/A	
20×1. 12. 31.	(차) 이자비용(NI) (대) 현금	50 50	N/A	
			(차) 이자율스왑 (대) 현금흐름위험회피적립금(OCI)	18 18
20×2. 12. 31.	(차) 이자비용(NI) (대) 현금	60 60	(차) 현금 (대) 이자비용(NI)	10 10
			(차) 현금흐름위험회피적립금(OCI) (대) 이자율스왑	37 37

4. 20×2년도 당기손익에 미치는 영향: (1) + (2) = ₩(50)
   (1) 차입금 이자비용: ₩(60)
   (2) 이자율스왑 순수취: ₩50(변동금리수취) + (−)₩40(고정금리지급) = ₩10

5. 20×2년 말 차입금 금액: ₩1,000

별해

1. 현금흐름위험회피회계의 이자율스왑은 차입금과 이자율스왑의 계약금액이 동일할 경우에는 차입금평가손익은 발생하지 아니하고 이자율스왑평가손익은 모두 위험회피에 효과적이므로 기타포괄손익으로 인식된다. 따라서 당기손익에 미치는 영향은 원 차입금의 변동금리 지급금액과 이자율스왑의 순수취금액을 합산한 실질부담이자비용과 같다. 다음과 같이 쉽게 계산할 수 있다.

일자	차입금이자 변동금리지급 (LIBOR + 1%)	이자율스왑		실질부담이자비용(5%)
		변동금리수취(LIBOR)	고정금리지급(4%)	
20×1. 12. 31.	(−)₩50	(+)₩40	(−)₩40	(−)₩50
20×2. 12. 31.	(−)₩60	(+)₩50	(−)₩40	(−)₩50

2. 현금흐름위험회피회계의 이자율스왑에서 차입금은 변동이자율 조건이고 공정가치의 변동은 없으므로 기말 차입금의 잔액은 ₩1,000으로 변동이 없다.

15　1.　고정금리조건의 대여금이나 차입금의 경우에는 자산과 부채의 공정가치가 변동될 위험에 익스포저되어 있다. 즉, 고정금리조건의 경우에는 시장이자율의 변동에 의하여 자산과 부채의 공정가치가 변동한다. 이러한 경우에는 이자율스왑거래를 통해 공정가치 변동위험을 회피할 수 있다.

　2.　각 연도별 순현금흐름의 계산

일자	차입금이자 고정금리지급 (5%)	이자율스왑		실질부담이자비용 (LIBOR + 1%)
		고정금리수취(4%)	변동금리지급(LIBOR%)	
20×1. 12. 31.	(−)₩50	(+)₩40	(−)₩40	(−)₩50
20×2. 12. 31.	(−)₩50	(+)₩40	(−)₩50	(−)₩60

　3.　회계처리

구분	위험회피대상항목(차입금)		위험회피수단(이자율스왑)	
20×1. 1. 1.	(차) 현금　　　　　　　1,000 　　(대) 차입금　　　　　　　1,000		N/A	
20×1. 12. 31.	(차) 이자비용(NI)　　　　50 　　(대) 현금　　　　　　　　50 (차) 차입금　　　　　　18 　　(대) 차입금평가이익(NI)　　18		N/A (차) 이자율스왑평가손실(NI)　18 　　(대) 이자율스왑　　　　　18	
20×2. 12. 31.	(차) 이자비용(NI)　　　　50 　　(대) 현금　　　　　　　　50 (차) 차입금평가손실(NI)　37 　　(대) 차입금　　　　　　37		(차) 이자비용(NI)　　　　10 　　(대) 현금　　　　　　　10 (차) 이자율스왑　　　　37 　　(대) 이자율스왑평가이익(NI)　37	

　4.　20×2년도 당기손익에 미치는 영향: (1) + (2) + (3) + (4) = ₩(60)
　　(1)　차입금 이자비용: ₩(50)
　　(2)　이자율스왑 순수취: ₩40(고정금리수취) + (−)₩50(변동금리지급) = ₩(10)
　　(3)　차입금평가손실: ₩1,019(20×2년 말 공정가치) − ₩982(20×1년 말 공정가치) = ₩(37)
　　(4)　이자율스왑평가이익: ₩19(20×2년 말 공정가치) − ₩(18)(20×1년 말 공정가치) = ₩37

　5.　20×2년 말 차입금 금액: ₩1,000 + ₩19 = ₩1,019

별해

1.　공정가치위험회피회계의 이자율스왑은 차입금과 이자율스왑의 계약금액이 동일할 경우에는 차입금평가손익과 이자율스왑평가손익이 정확하게 상쇄되어 ₩0이 된다. 따라서 당기손익에 미치는 영향은 원 차입금의 고정금리 지급금액과 이자율스왑의 순수취금액을 합산한 실질부담이자비용과 같다. 다음과 같이 쉽게 계산할 수 있다.

일자	차입금이자고정금리지급 (5%)	이자율스왑		실질부담이자비용 (LIBOR + 1%)
		고정금리수취(4%)	변동금리지급(LIBOR%)	
20×1. 12. 31.	(−)₩50	(+)₩40	(−)₩40	(−)₩50
20×2. 12. 31.	(−)₩50	(+)₩40	(−)₩50	(−)₩60

2.　공정가치위험회피회계의 이자율스왑에서 차입금은 고정이자율 조건이므로 공정가치가 변동된다.
　　차입금의 공정가치: ₩1,050/1.03 = ₩1,019

16 1. 이자율스왑과 차입금의 공정가치

일자	이자율스왑의 공정가치	차입금의 공정가치
20×1. 1. 1.	–	$₩25,000/1.05 + ₩25,000/1.05^2 + ₩525,000/1.05^3$ $= ₩500,000$
20×1. 12. 31.	$₩5,000/1.04 + ₩5,000/1.04^2 = ₩9,430$	$₩25,000/1.04 + ₩525,000/1.04^2 = ₩509,430$

2. 차입금평가손실: ₩500,000 – ₩509,430 = ₩(9,430)

3. 이자율스왑평가이익: ₩9,430

4. 회계처리

구분	위험회피대상항목(차입금)		위험회피수단(이자율스왑)	
20×1. 1. 1.	(차) 현금 (대) 차입금	500,000 500,000	N/A	
20×1. 12. 31.	(차) 이자비용(NI) (대) 현금 (차) 차입금평가손실(NI) (대) 차입금	25,000 25,000 9,430 9,430	N/A (차) 이자율스왑 (대) 이자율스왑평가이익(NI)	 9,430 9,430

17 사업결합에서 사업을 취득하기로 하는 확정계약은 위험회피대상항목이 될 수 없다. 다만, 외화위험에 대하여는 위험회피대상항목으로 지정할 수 있다. 그 이유는 외화위험이 아닌 다른 회피대상위험은 특정하여 식별할 수도 없고 측정할 수도 없기 때문이다. 이러한 다른 위험은 일반적인 사업위험이다.

01 주계약과 분리하여야 하는 내재파생상품을 취득시점이나 그 후의 재무보고일에 주계약과 분리하여 측정할 수 없는 경우에는 복합계약 전체를 당기손익-공정가치측정항목으로 지정한다.

02 1. 공정가치 위험회피대상으로 지정된 경우

구분	위험회피대상항목(확정계약)		위험회피수단(통화선도)	
20×1. 10. 1.	N/A		N/A	
20×1. 12. 31.	(차) 확정계약자산[1]	140,000	(차) 통화선도평가손실(NI)[2]	140,000
	(대) 확정계약평가이익(NI)	140,000	(대) 통화선도부채	140,000

[1] $2,000 × (₩1,130 − ₩1,060) = ₩140,000
[2] $2,000 × (₩1,060 − ₩1,130) = ₩(140,000)

∴ 20×1년 말 순자산에 미치는 영향: ₩140,000 + ₩(140,000) = ₩0

2. 공정가치 위험회피대상으로 지정되지 않은 경우

구분	위험회피대상항목(확정계약)	위험회피수단(통화선도)	
20×1. 10. 1.	N/A	N/A	
20×1. 12. 31.	N/A	(차) 통화선도평가손실(NI)[1]	140,000
		(대) 통화선도부채	140,000

[1] $2,000 × (₩1,060 − ₩1,130) = ₩(140,000)

∴ 20×1년 말 순자산에 미치는 영향: ₩140,000 감소

1. 위험회피수단으로 지정한 경우

구분	위험회피대상항목(예상거래)		위험회피수단(통화선도)	
20×1. 11. 1.	N/A		N/A	
20×1. 12. 31.	N/A		(차) 통화선도자산[1]	15,000
			(대) 현금흐름위험회피적립금(OCI)[2]	10,000
			파생상품평가이익(NI)	5,000
20×2. 2. 28.	(차) 현금($)[3]	500,000	(차) 현금(₩)[4]	525,000
	현금흐름위험회피적립금(자본)	25,000	파생상품평가손실(NI)	5,000
	(대) 매출	525,000	(대) 현금($)[5]	500,000
			통화선도자산	15,000
			현금흐름위험회피적립금(OCI)[6]	15,000

[1] $500 × (₩1,050 − ₩1,020) = ₩15,000
[2] Min[①, ②] = ₩10,000
　① 수단: $500 × (₩1,050 − ₩1,020) = ₩15,000
　② 대상: $500 × (₩1,060 − ₩1,040) = ₩10,000
[3] $500 × ₩1,000 = ₩500,000
[4] $500 × ₩1,050 = ₩525,000
[5] $500 × ₩1,000 = ₩500,000
[6] 누적기준 Min[①, ②] − ₩10,000 = ₩15,000
　① 수단: $500 × (₩1,050 − ₩1,000) = ₩25,000
　② 대상: $500 × (₩1,060 − ₩1,000) = ₩30,000

2. 위험회피수단으로 지정하지 않은 경우

구분	위험회피대상항목(예상거래)		위험회피수단(통화선도)	
20×1. 11. 1.	N/A		N/A	
20×1. 12. 31.	N/A		(차) 통화선도자산[1]	15,000
			(대) 파생상품평가이익(NI)	15,000
20×2. 2. 28.	(차) 현금($)[2]	500,000	(차) 현금(₩)[3]	525,000
	(대) 매출	500,000	(대) 현금($)[4]	500,000
			통화선도자산	15,000
			파생상품거래이익(NI)[5]	10,000

[1] $500 × (₩1,050 − ₩1,020) = ₩15,000
[2] $500 × ₩1,000 = ₩500,000
[3] $500 × ₩1,050 = ₩525,000
[4] $500 × ₩1,000 = ₩500,000
[5] $500 × (₩1,020 − ₩1,000) = ₩10,000

3. 지문해설
　① (가)의 경우 ㈜한국은 통화선도거래에 대해 현금흐름위험회피회계를 적용해야 한다.
　② (나)의 경우 ㈜한국은 통화선도 계약체결일에는 통화선도자산 또는 부채를 인식하지 않는다.
　③ (가)의 경우 ㈜한국이 20×1년도에 당기손익으로 인식하는 파생상품평가손익은 ₩5,000 이익이다.
　④ (나)의 경우 ㈜한국이 20×1년도에 당기손익으로 인식하는 파생상품평가손익은 ₩15,000 이익이다.
　⑤ ㈜한국이 20×1년 말 재무상태표에 계상하는 통화선도(자산) 금액은 (가)의 경우와 (나)의 경우가 ₩15,000으로 동일하다.

정답 03 ⑤

04 1. 통화선도계약의 공정가치
   (1) 20×1. 12. 1.: ₩0
   (2) 20×1. 12. 31.: (₩1,100 − ₩1,080) × $1,000 = ₩20,000
   (3) 20×2. 2. 28.: (₩1,100 − ₩1,076) × $1,000 = ₩24,000

2. 회계처리

20×1. 12. 1.	N/A			
20×1. 12. 31.	(차) 통화선도자산[1]	20,000	(대) 현금흐름위험회피적립금(OCI)	20,000
20×2. 2. 28.[2]	(차) 통화선도자산	4,000	(대) 통화선도평가이익(NI)	24,000
	현금흐름위험회피적립금(OCI)	20,000		

[1] Min[₩20,000, ₩36,000] = ₩20,000(위험회피에 효과적인 부분)
[2] Min[₩24,000, ₩0] = ₩0(위험회피에 효과적인 부분이 없으므로 과거의 기타포괄이익을 모두 취소하고 대차차액을 당기손익으로 인식한다)

3. 포괄손익계산서상 당기순이익에 미치는 영향
   (1) 20×1년 당기손익에 미치는 영향: 없음
   (2) 20×2년 당기손익에 미치는 영향: 통화선도평가이익 ₩24,000

05 1. ㈜한국은 변동금리지급조건으로 차입하였으므로 미래 이자율 변동 시 이자지급액 변동위험을 부담한다. 따라서 변동금리이자수취·고정금리이자지급조건의 스왑계약을 체결함으로써 실제로는 고정금리로 이자지급을 하여 현금흐름변동위험회피를 하고자 한다.

2. 회계처리

구분	위험회피대상항목(차입금)		위험회피수단(이자율스왑)	
20×1. 1. 1.	(차) 현금	100,000	N/A[1]	
	(대) 차입금	100,000		
20×1. 12. 31.	(차) 이자비용(NI)	5,000	N/A	
	(대) 현금	5,000		
			(차) 이자율스왑자산[2]	1,833
			(대) 현금흐름위험회피적립금(OCI)	1,833

[1] 스왑계약의 공정가치: ₩0
[2] ₩1,000/1.06 + ₩1,000/1.06^2 = ₩1,833

3. 지문해설
   ① ㈜한국은 이자율스왑계약에 대해 현금흐름위험회피회계를 적용하여야 한다.
   ② 20×1년에 ㈜한국이 당기손익으로 인식하는 이자비용은 ₩5,000이다.
   ③ 20×1년 말 ㈜한국의 재무상태표에 계상되는 차입금의 장부금액은 ₩100,000이다. 변동금리 장기차입금의 경우 공정가치의 변동이 없다.
   ④ 20×1년 말 ㈜한국의 포괄손익계산서에는 현금흐름위험회피적립금이 기타포괄손익으로 ₩1,833만큼 계상된다.
   ⑤ 20×2년 말 ㈜한국의 재무상태표에 계상되는 차입금의 장부금액은 ₩100,000이다. 변동금리 장기차입금의 경우 공정가치의 변동이 없다.

06 **1. 회계처리**

구분	위험회피대상항목(예상거래)		위험회피수단(원재료선도)	
20×1. 10. 1.	N/A		N/A	
20×1. 12. 31.	N/A		(차) 금선도자산[1]	100,000
			(대) 현금흐름위험회피적립금(OCI)[2]	50,000
			파생상품평가이익(NI)	50,000
20×2. 3. 31.	(차) 원재료	2,000,000	(차) 현금[4]	200,000
	현금흐름위험회피적립금(자본)	200,000	파생상품평가손실(NI)	50,000
	(대) 현금[3]	2,200,000	(대) 금선도자산	100,000
			현금흐름위험회피적립금(OCI)[5]	150,000

[1] 10온스 × (₩210,000 − ₩200,000) = ₩100,000
[2] Min[①, ②] = ₩50,000
   ① 대상: 10온스 × (₩195,000 − ₩190,000) = ₩50,000
   ② 수단: 10온스 × (₩210,000 − ₩200,000) = ₩100,000
[3] 10온스 × ₩220,000 = ₩2,200,000
[4] 10온스 × (₩220,000 − ₩200,000) = ₩200,000
[5] 누적기준 Min[①, ②] − ₩50,000 = ₩150,000
   ① 대상: 10온스 × (₩220,000 − ₩190,000) = ₩300,000
   ② 수단: 10온스 × (₩220,000 − ₩200,000) = ₩200,000

2. 금선도계약 만기일에 인식할 파생상품평가손익: ₩(50,000) 평가손실

07 ① 현금흐름위험회피에서 위험회피수단의 손익은 위험회피에 비효과적인 부분은 당기손익으로 인식하며, 위험회피에 효과적인 부분은 기타포괄손익으로 인식한다.
② 위험회피수단이 소멸·매각·종료·행사된 경우에 해당하여 위험회피관계가 적용조건을 충족하지 않는 경우에만 전진적으로 위험회피회계를 중단한다.
④ 해외사업장순투자의 위험회피는 현금흐름위험회피와 유사하게 회계처리한다.
⑤ 고정금리부 대여금에 대하여 고정금리를 지급하고 변동금리를 수취하는 이자율스왑으로 위험회피하면 이는 공정가치위험회피 유형에 해당한다.

08 **1. 20×2년 3월 1일 당기순이익에 미치는 순효과: (1) + (2) = ₩(30,000) 손실**
   (1) 파생상품평가이익(NI): ₩480,000 − ₩470,000 = ₩10,000
   (2) 재고자산평가손실(NI): ₩470,000 − ₩510,000 = ₩(40,000)

2. 회계처리

구분	위험회피대상항목(예상거래)		위험회피수단(원재료선도)	
20×1. 10. 1.	N/A		N/A	
20×1. 12. 31.	(차) 재고자산평가손실(NI)	40,000	(차) 옥수수선도자산	40,000
	(대) 재고자산	40,000	(대) 파생상품평가이익(NI)	40,000
20×2. 3. 1.	(차) 재고자산평가손실(NI)	40,000	(차) 옥수수선도자산	10,000
	(대) 재고자산	40,000	(대) 파생상품평가이익(NI)	10,000
	(차) 현금	470,000	(차) 현금	50,000
	(대) 매출	470,000	(대) 옥수수선도자산	50,000
	(차) 매출원가	470,000		
	(대) 재고자산	470,000		

09 다음의 조건을 모두 충족하는 위험회피관계에 대해서만 위험회피회계를 적용할 수 있다.

(1) 위험회피관계는 적격한 위험회피수단과 적격한 위험회피대상항목으로만 구성된다.

(2) 위험회피의 개시시점에 위험회피관계와 위험회피를 수행하는 위험관리의 목적과 전략을 공식적으로 지정하고 문서화한다. 이 문서에는 위험회피수단, 위험회피대상항목, 회피대상위험의 특성과 위험회피관계가 위험회피효과에 대한 요구사항을 충족하는지를 평가하는 방법(위험회피의 비효과적인 부분의 원인 분석과 위험회피비율의 결정 방법 포함)이 포함되어야 한다.

(3) 위험회피관계는 다음의 위험회피효과에 관한 요구사항을 모두 충족한다.

① 위험회피대상항목과 위험회피수단 사이에 경제적 관계가 있다.

② 신용위험의 효과가 위험회피대상항목과 위험회피수단의 경제적 관계로 인한 가치 변동보다 지배적이지 않다.

③ 위험회피관계의 위험회피비율은 기업이 실제로 위험을 회피하는 위험회피대상항목의 수량과 위험회피대상항목의 수량의 위험을 회피하기 위해 기업이 실제 사용하는 위험회피수단의 수량의 비율과 같다.

10 **1.** 20×2년도 당기순이익에 미치는 영향: (1) + (2) + (3) + (4) = ₩180,000 증가

(1) 매출: 100개 × ₩10,500 = ₩1,050,000

(2) 매출원가: 100개 × ₩10,000 = ₩(1,000,000)

(3) 현금흐름위험회피적립금 재분류조정: ₩150,000

(4) 파생상품평가손실: ₩(20,000)

2. 회계처리

구분	위험회피대상항목(예상거래)		위험회피수단(배터리선도)	
20×1. 10. 1.	N/A		N/A	
20×1. 12. 31.	N/A		(차) 배터리선도자산 70,000[1] (대) 현금흐름위험회피적립금(OCI) 50,000[2] 파생상품평가이익(NI) 20,000	
20×2. 3. 31.	(차) 현금 1,050,000[3] (대) 매출 1,050,000 (차) 매출원가 1,000,000[4] (대) 재고자산 1,000,000 (차) 현금흐름위험회피적립금(OCI) 150,000 (대) 매출(NI) 150,000		(차) 현금 150,000[5] 파생상품평가손실(NI) 20,000 (대) 배터리선도자산 70,000 현금흐름위험회피적립금(OCI) 100,000[6]	

[1] 100개 × (₩12,000 − ₩11,300) = ₩70,000

[2] Min[①, ②] = ₩50,000

① 수단: 100개 × (₩12,000 − ₩11,300) = ₩70,000

② 대상: 100개 × (₩13,000 − ₩12,500) = ₩50,000

[3] 100개 × ₩10,500 = ₩1,050,000

[4] 100개 × ₩10,000 = ₩1,000,000

[5] 100개 × (₩12,000 − ₩10,500) = ₩150,000

[6] 누적기준 Min[①, ②] − ₩50,000 = ₩100,000

① 수단: 100개 × (₩12,000 − ₩10,500) = ₩150,000

② 대상: 100개 × (₩13,000 − ₩10,500) = ₩250,000